Duden

Übungsheft
Aufsatz

von Susanne Mertens
mit Illustrationen von Stefan Leuchtenberg

Dudenverlag
Berlin

Vorwort

Liebe Kinder, liebe Eltern,

darf ich mich vorstellen? Mein Name ist Konrad und meine Katze heißt Mia. Ich lese und schreibe für mein Leben gern und möchte meine Leidenschaft gern mit euch teilen.

Ich habe gemerkt, dass man in der Schule viele Dinge lernt, aber manchmal die Zeit fehlt, um das Gelernte zu üben. Ist das bei euch auch so?

Zusammen mit meiner Freundin Frieda und meinem Freund Alex habe ich einen spitzenmäßigen Trainingsplan aufgestellt, der immer nach dem gleichen Prinzip funktioniert – in vier Trainingseinheiten:

Aufwärmen mit Mia

Hier wiederholst du noch einmal, was du eigentlich schon weißt. Es geht darum, deine Grundlagen zum Thema zu festigen.

Taktik mit Konrad

Hier geht es darum, typische Merkmale einer Textform zu festigen. So weißt du, worauf es bei diesen Texten besonders ankommt.

Ausdauertraining mit Frieda

Hier untersuchst du Beispieltexte und schreibst eigene Texte. Mit jeder gelösten Aufgabe gewinnst du mehr und mehr Sicherheit in deinem Training.

Nachspielzeit mit Alex

Hier bekommen alle, die noch mehr üben möchten, eine Extraportion Aufgaben. Wenn du auch diese Aufgaben lösen kannst, bist du ein echter Profi.

In den **vier Trainingseinheiten** gibt es jede Menge Übungen für dich, um fit für das „Konrad-Team“ zu werden. Die Schritte sind dabei eigentlich immer gleich:

1. Lies die Aufgabe gründlich und versuche sie zu lösen.
2. Male dem **Smiley** an der Seite ein Gesicht – je nachdem, ob die Übung für dich leicht ☺, mittelschwer 😐 oder schwierig ☹ war.
3. Vergleiche deine Lösungen mit den **Lösungen im Mittelteil.** Manchmal geben wir auch gar keine Lösung vor, weil es mehrere Möglichkeiten gibt.

Und das Beste habe ich ja noch gar nicht erwähnt:
Jede Trainingseinheit hat ihre eigene coole **Sammelkarte,** die du ganz vorn im Heft findest. Auf der Rückseite kannst du dir die **Daumen-Hoch-Sticker** aufkleben, sobald eine Übungsseite fertig ist. Für die Nachspielzeit gibt es eine Sonderkarte, die du auf der Rückseite selbst gestalten kannst – beispielsweise um ein Foto von dir aufzukleben.

Frieda, Alex, Mia und ich freuen uns, dich schon bald im „Konrad-Team“ zu begrüßen. Das Wichtigste beim ganzen Üben und Trainieren ist nämlich, dass man auch Spaß dabei hat.
Und den wünschen wir dir jetzt mit diesem Heft!

Dein Konrad

Inhaltsverzeichnis

Eine Einladung schreiben

1 Diese Verben können dir helfen, wenn du eine Einladung schreibst. Schreibe sie in der richtigen Form auf.

einladen	ich lade ein	wir
abholen	ich	wir holen ab
	ich bringe mit	
		wir essen
fahren		
	ich spiele	
	ich grille	

2 Welches Verb passt hier?

Ich darf vier Kinder zu meinem Geburtstag ________________ .

Wir ________________ in einen Klettergarten.

Die Kinder müssen Turnschuhe ________________ .

Außerdem ________________ wir im Garten.

Nachmittags ________________ wir Muffins.

Abends ________________ wir Würstchen.

Die Eltern können die Kinder um 19 Uhr wieder ________________ .

Liebe Frieda,

am Freitag, den 12. Juli, feiere ich ein Sommerfest.
Dazu lade ich dich herzlich ein.
Komm bitte um 14.00 Uhr zu mir nach Hause. Wir spielen im Garten lustige Spiele und können uns auch mit Wasser nass spritzen. Bitte bringe deinen Badeanzug mit. Nachmittags essen wir Muffins und abends grillen wir Würstchen. Um 19.00 Uhr wirst du nach Hause gebracht.

Viele Grüße
Konrad

1 Findest du die Antworten in Konrads Einladung?

Wann? ______________________

Wo? ______________________

Wozu? (Anlass) ______________________

2 Was erfährst du außerdem aus Konrads Einladung?

- [ ] Abends gibt es Kartoffelsalat.
- [ ] Es gibt Muffins.
- [ ] Frieda soll den Fußball mitbringen.
- [ ] Es sollen lustige Spiele gespielt werden.
- [ ] Es werden Würstchen gegrillt.
- [ ] Frieda wird abends nach Hause gebracht.
- [ ] Nachmittags gibt es leckere Waffeln.
- [ ] Frieda soll den Badeanzug mitbringen.
- [ ] Am Abend soll Frieda von den Eltern abgeholt werden.

3 **Was kann auf einer Geburtstagsfeier noch stattfinden?**

Schwimmbad · spielen · Kletterhalle · klettern · Kuchen · machen · Schnitzeljagd · schwimmen · hüpfen · essen · grillen · Ballspiele · Trampolin · Würstchen

4 **Schreibe es so auf:**

Wir essen Kuchen.

Wir hüpfen auf dem

Fällt dir selbst noch etwas ein?

1 **Kannst du Ina helfen, eine Einladung zu schreiben?**
Wähle aus jedem Kasten eine Möglichkeit aus.

☐ Freitag, den 15. Mai, um 15.00 Uhr
☐ Samstag vor Pfingsten um 14.30 Uhr

☐ zu mir nach Hause
☐ auf die Wiese neben dem Spielplatz

☐ Muffins und Apfelsaft
☐ Grillwürstchen und Limonade

☐ tolle Spiele
☐ ein lustiges Programm

2 **Jetzt kannst du Inas Einladung entsprechend ergänzen.**

Lieber Paul,

ich feiere am ____________________ um ____________

meinen Geburtstag und möchte dich dazu einladen.

Komm bitte ____.

Es gibt ____.

Wir haben ________________________ für euch vorbereitet.

Zum Schluss bringen wir dich nach Hause.

Deine Freundin Ina

Lieber Konrad,

ich lade dich zu meinem Geburtstag ein.
Er ist am 12. März. Wir fahren in eine Sporthalle.
Zum Schluss essen wir zusammen Pommes.

Dein Freund Alex

3 Konrad hat diese Einladung von Alex bekommen. Was fehlt?

- ☐ die Anrede „Lieber …“
- ☐ Um wie viel Uhr geht es los?
- ☐ Wohin soll Konrad kommen?
- ☐ Was passiert auf dem Fest?
- ☐ Muss Konrad etwas mitbringen?
- ☐ Wann ist das Fest zu Ende?
- ☐ Wie kommt er nach Hause?
- ☐ Unterschrift

4 Was gehört hier zusammen? Verbinde es.

Ich feiere meinen Geburtstag	Turnschuhe mit.
Wir treffen uns um 15 Uhr	deine Eltern abholen.
Bitte bringe deine	bei mir zu Hause.
Um 19.30 Uhr können dich	am 12. März.

Auch Frieda hat bald Geburtstag. Sie spricht mit ihrer Mutter über ihre Geburtstagsfeier.

Frieda: Mama, ich habe doch nächste Woche Geburtstag …
Mama: Ja, ich habe mir auch schon Gedanken gemacht. Wir könnten am Samstag danach, also am 16. April, in die Kletterhalle fahren.
Frieda: Das ist eine tolle Idee, Mama!
Mama: Wen möchtest du denn einladen?
Frieda: Hanna, Konrad, Alex, Leon und Sofia.
Mama: Lade sie doch für 14.00 Uhr zu uns nach Hause ein, dann fahren wir zusammen zur Kletterhalle. Sie sollen unbedingt Turnschuhe mitbringen. Anschließend essen wir bei uns Pizza und ihre Eltern können sie dann um 19.00 Uhr bei uns abholen.
Frieda: Das wird bestimmt super, Mama!

5 Findest du die Antworten auf die Fragen zu Friedas Fest?

Wer ist eingeladen? ______________________

Wann sollen die Gäste kommen? ______________________

Wohin sollen sie kommen? ______________________

Was passiert auf dem Fest? ______________________

Müssen die Gäste etwas mitbringen? ______________________

Was gibt es zu essen? ______________________

Wann ist das Fest zu Ende? ______________________

6 **Hier sind zwei Einladungen vermischt. Wähle aus jedem Feld eine Möglichkeit aus und markiere sie.**

Lieber Max,
Liebe Elif,

am 12. September feiere ich meinen Geburtstag.
ich feiere am 22. August meinen 9. Geburtstag.

Bitte komm um 11 Uhr zu mir nach Hause.
Komm bitte um 13 Uhr zum Spielplatz.

Wir machen eine Abenteuerführung in einer Höhle.
Wir wollen am Bach einen Damm bauen.

Du musst unbedingt alte Sachen anziehen.
Bitte bringe deine Gummistiefel mit.

Abends gibt es bei uns Würstchen mit Pommes.
Zum Schluss essen wir bei uns zu Hause Eis.

Du wirst um 19 Uhr nach Hause gebracht.
Lass dich um 16.30 Uhr von deinen Eltern abholen.

Liebe Grüße
Lina

Viele Grüße
Dein Freund Sinan

7 **Schreibe nun die Einladung mit den ausgewählten Teilen auf ein extra Blatt.**

8 **Weißt du schon, wie du deinen nächsten Geburtstag feiern möchtest? Du kannst deine Ideen als Stichpunkte in die Felder eintragen.**

Geburtstagseinladung

Wann ist das Fest?

Wohin soll das Kind kommen?

Wer bekommt die Einladung?

Wer lädt ein? (Unterschrift)

Was passiert auf dem Fest?

Was muss mein Gast mitbringen?

Was gibt es zu essen?

Wie kommt das Kind nach Hause?

9 **Schreibe nun deine persönliche Geburtstagseinladung.**

10 **Überprüfe deine Einladung mit der Checkliste. Kreuze an.**

	☺	😐	☹
Meine Einladung hat eine Anrede und eine Unterschrift.			
Ich habe geschrieben, wo die Feier stattfindet.			
Im Text stehen Datum und Uhrzeit.			
In meiner Einladung steht, was auf der Feier passiert und ob das Kind etwas mitbringen soll.			
Ich habe geschrieben, was es zu essen gibt.			
Im Text steht, wie das Kind nach Hause kommt.			

1 Die Klasse 3b plant ein Klassenfest am Nachmittag mit den Eltern. Überlege dir ein buntes Programm. Schreibe dann eine Einladung auf ein extra Blatt.

Liebe Eltern der 3b,

wir laden euch

2 In zwei Wochen ist das Sommerfest an deiner Schule. Du kannst bestimmt ein Plakat dafür gestalten.

tolle Spiele für Kinder 5. Juli Hüpfburg
Tombola Beginn: 15.00 Uhr Grillwürstchen
Kinderschminken Kuchenbuffet Ende: 18.00 Uhr

Personen beschreiben

pummelig – freundlich – blond – fröhlich – groß – dünn – kräftig – ehrlich – schlau – sportlich – klein – spitz – lustig – lockig – schwarzhaarig – ernst – rund – blass – schmal – streng – schlank

1 **Welche Adjektive beschreiben dich? Kreise sie ein.**

2 **Welche Adjektive passen gut zu deiner besten Freundin / deinem besten Freund? Kreise sie grün ein.**

3 **Findest du die richtige Spalte für die Adjektive von oben?**

Körperbau	Gesicht/Haare	Eigenschaften
pummelig		freundlich

1 Ein Satz in jeder Reihe ist richtig. Erkennst du ihn?
Markiere die richtigen Sätze.

Jonas ist ein neunjähriger Junge.	Jonas war ein neunjähriger Junge.
Er ist 1,30 m groß und ich finde, er ist dick.	Er ist 1,30 m groß und kräftig.
Seine Haare sind braun und kurz geschnitten.	Seine Haare sind braun und er hat meiner Meinung nach einen coolen Haarschnitt.
Er hat ein rundes Gesicht, eine Stupsnase und blaue Augen.	Ich meine, sein Gesicht ist rund, und er hat wahrscheinlich eine Stupsnase.
Gestern war er mit einer Jeans und einem geringelten T-Shirt bekleidet.	Jonas ist mit einer Jeans und einem geringelten T-Shirt bekleidet.
Ich finde seine blauen Turnschuhe sehr schön.	Er trägt blaue Turnschuhe mit weißen Streifen.
Am Arm hat er eine Uhr mit einem blauen Armband.	Am Arm hatte er meist eine Uhr mit einem blauen Armband.
Er trägt eine Brille mit runden Gläsern.	Ich glaube, dass er eine Brille mit runden Gläsern trägt.

2 In der vorigen Übung hast du einiges über Jonas' Aussehen erfahren. Trage es hier ein.

Alter: ____________________

Größe/Körperbau: ____________________

Haare: ____________________

Gesicht: ____________________

Augen: ____________________

Nase: ____________________

Kleidung: ____________________

____

Besonderheiten: ____________________

3 Richtig (r) oder falsch (f)? Das weißt du jetzt bestimmt.

☐ Ich beschreibe eine Person sachlich.
☐ Ich schreibe auch über meine Gefühle.
☐ Ich beschreibe Gesicht und Haare.
☐ Ich schreibe auch meine Meinung über die Person.
☐ Ich schreibe im Präteritum (1. Vergangenheitsform).
☐ Ich beschreibe eine Person von oben nach unten.
☐ Ich beschreibe die Kleidung, die die Person gerade trägt.
☐ Ich schreibe im Präsens (Gegenwartsform).
☐ Ich beschreibe die Größe und den Körperbau der Person.

1 **Diese Wörter beschreiben Lina. Sicher kannst du die Wörter den passenden Oberbegriffen zuordnen.**

rote Bluse – Mädchen – dünn – blaue Turnschuhe – 1,40 m groß – Jeans – Brille – neun Jahre alt – Ringelsocken – blonder Pferdeschwanz – silbernes Armband – braune Augen – Stupsnase – fröhlich – rotes Haarband – schmales Gesicht – Ohrringe – lange Beine

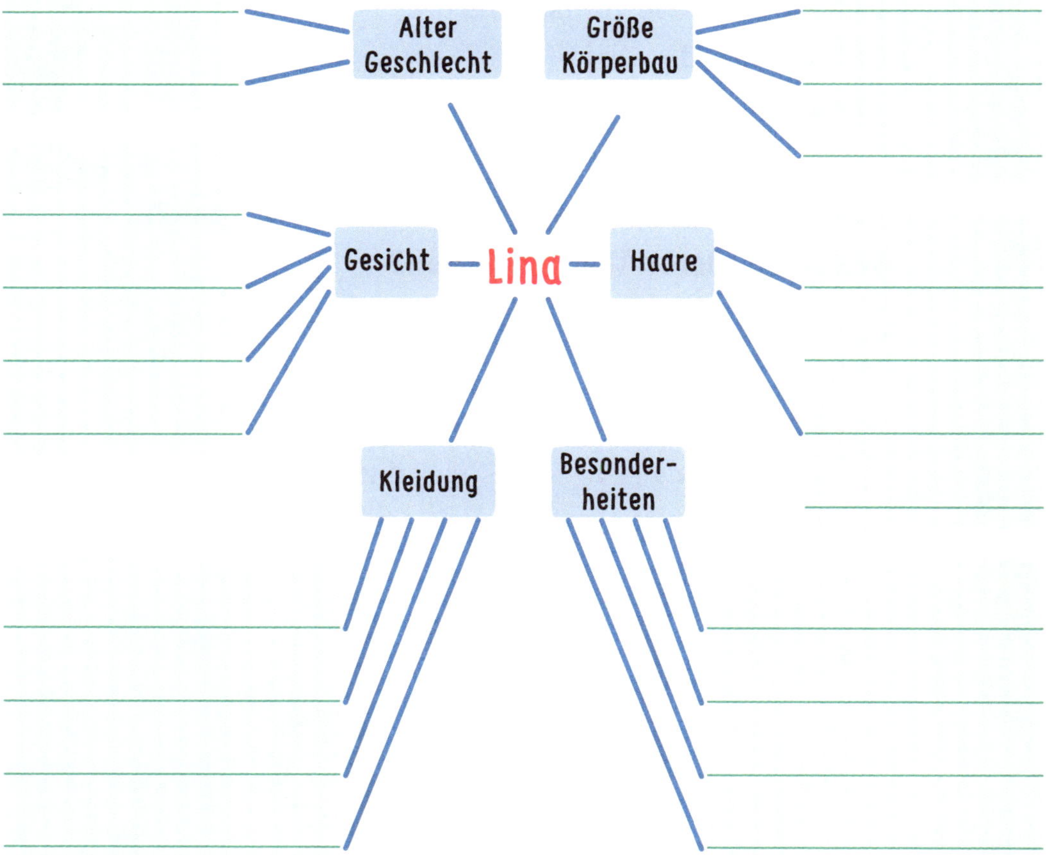

2 **Jetzt kannst du Lina auf ein extra Blatt malen.**

Frieda hat ihren Freund Willi Wiese sehr genau beschrieben:

Willi Wiese ist ein Junge.
Er ist neun Jahre alt.
Er hat eine gesunde Gesichtsfarbe.
Er hat viele Sommersprossen.
Er hat rote Haare.
Er hat eine Kurzhaarfrisur.
Er hat eine blaue kurze Hose mit weißen Streifen an.
Er hat ein rotes T-Shirt an.
Er hat blaue Socken an.
Er hat blau-weiße Turnschuhe an.
Er hat viel Mut.
Er hat ein Kaninchen und einen Hamster.

3 Leider beginnen Friedas Sätze fast immer gleich. Welche anderen Wörter passen?

- ☐ der Junge
- ☐ der junge Mann
- ☐ das Kind
- ☐ Willi Wiese
- ☐ der Jugendliche
- ☐ das gesuchte Kind
- ☐ Willi
- ☐ der Freund
- ☐ das Kleinkind
- ☐ das Schulkind

4 So kannst du Wiederholungen vermeiden:
Verbinde immer zwei Sätze, die zusammengehören.

Willi Wiese ist ein Junge.
Er ist neun Jahre alt.

Willi Wiese ist ein neun Jahre alter Junge.

Er hat eine gesunde Gesichtsfarbe.
Er hat viele Sommersprossen.

Er hat eine gesunde Gesichtsfarbe und

Er hat rote Haare.
Er hat eine Kurzhaarfrisur.

Er hat eine blaue kurze Hose mit weißen Streifen an.
Er hat ein rotes T-Shirt an.

Er hat blaue Socken an.
Er hat blau-weiße Turnschuhe an.

5 Was klingt besser?

- [ ] Er hat eine Kurzhaarfrisur.
- [ ] Er trägt eine Kurzhaarfrisur.

- [ ] Er hat ein rotes T-Shirt an.
- [ ] Er ist mit einem roten T-Shirt bekleidet.

- [ ] Er trägt blaue Socken.
- [ ] Er hat blaue Socken an.

- [ ] Er hat ein Kaninchen und einen Hamster.
- [ ] Er besitzt ein Kaninchen und einen Hamster.

6 Bestimmt kannst du Willi Wiese jetzt beschreiben.

7 **Möchtest du die Hexe oder den Clown beschreiben? Schreibe deinen Text auf ein extra Blatt. Wenn es dir hilft, lege zuerst eine Mindmap an wie auf Seite 19.**

8 **Überprüfe deine Personenbeschreibung mit der Checkliste.**

	☺	😐	☹
Die Person habe ich von oben nach unten beschrieben.			
Ich habe geschrieben, wie Haare, Gesicht, Augen und Nase aussehen.			
Die Kleidung habe ich sehr genau beschrieben.			
Ich habe Besonderheiten der Person beschrieben.			
Mein Text steht im Präsens.			
Ich habe unterschiedliche Satzanfänge benutzt.			
Ich habe sachlich geschrieben.			
Mir sind treffende Adjektive eingefallen.			

Personen beschreiben

1 **Das ist Konrads Katze Mia.**
Sicher kannst du sie beschreiben.
Diese Wörter können dir dabei helfen:

schwarz-weiß Fell dicht
Schwanz buschig Pfoten
Spitze klein Ohren Schnurrhaare

2 **Du hast deinen Lieblingspulli verloren.**
Male ihn in das Feld.
Beschreibe ihn dann
auf einem extra Blatt genau
(Farbe, Muster, Größe …).

Ein Rezept aufschreiben

~~klein schneiden~~ ~~Pfanne~~ hacken Tischbein pellen
Schneebesen backen Topf schreiben Sieb schälen Mixer
würzen Schüssel waschen Löffel braten rennen Buch Messer

1 Kannst du die Begriffe richtig in die Spalten einsortieren?

Das mache ich	Diese Dinge benötige ich
klein schneiden	Pfanne

2 Findest du zwei Verben und zwei Nomen,
die nicht dazu passen?

Ein Rezept aufschreiben

Kleine Pfannkuchen

- Eier aufschlagen und in eine Schüssel geben
- Milch dazugeben
- mit einem Schneebesen Eier und Milch verquirlen
- Mehl dazugeben und mit dem Mixer zu einem Teig verrühren
- Butter in einer Pfanne schmelzen lassen
- zwei Löffel Teig in die Pfanne geben
- Teigfladen von einer Seite backen
- mit einem Pfannenheber wenden und die andere Seite backen
- mit Marmelade bestreichen

1 **Findest du alle Zutaten im Rezept? Unterstreiche sie rot.**

....

2 **Welche Küchengeräte werden benötigt? Unterstreiche sie grün.**

....

3 **Schreibe hier noch einmal auf, welche Zutaten und Geräte man für die Pfannkuchen benötigt.**

Zutaten: ______________________________

____

Geräte: ______________________________

____

____

4 **Welche Verben gehören zum Pfannkuchen-Rezept?**

In einem Rezept wird mit treffenden Verben ausgedrückt, was genau zu tun ist.

- [ ] umrühren
- [ ] geben
- [ ] verquirlen
- [ ] dazugeben
- [ ] backen
- [ ] bestreichen
- [ ] abschlecken
- [ ] klein schneiden
- [ ] wenden
- [ ] waschen
- [ ] kochen
- [ ] schmelzen
- [ ] hacken
- [ ] abgießen
- [ ] würzen
- [ ] schälen
- [ ] verrühren
- [ ] aufschlagen

Ein Rezept aufschreiben

1 Die Zutaten für zwei Gerichte sind hier vermischt. Bestimmt findest du die Zutaten für einen Obstsalat. Kreise sie ein.

2 Bananen 500 g Spaghetti 2 Löffel Öl 2 Äpfel
1 Löffel Honig 500 g Hackfleisch 1 Zwiebel
etwas Salz 4 Tomaten 2 Kiwis 1 Löffel Zitronensaft
2 Birnen etwas Pfeffer 2 Löffel Mandelblättchen

2 Schreibe die Zutaten für den Obstsalat untereinander.

Zutaten:

____

____

____

____

____

____

Weißt du, wie das Gericht heißt, das man mit den anderen Zutaten zubereiten kann?

____

3 **Welche Küchengeräte brauchst du für die Zubereitung des Obstsalats?**

- ☐ großer Löffel
- ☐ Sieb
- ☐ Pfanne
- ☐ Messer
- ☐ Mixer
- ☐ Messbecher
- ☐ Schneebesen
- ☐ Pfannenheber
- ☐ Schüssel
- ☐ Topf
- ☐ Schneidebrett
- ☐ Reibe

4 **Diese Verben benötigst du für das Obstsalat-Rezept. Setze sie in die Ich-Form.**

schälen tropfen umrühren entkernen

waschen schneiden geben streuen

schälen – ich schäle

Ein Rezept aufschreiben

5 Das Rezept für Obstsalat ist hier durcheinandergeraten. Sicher kannst du es in die richtige Reihenfolge bringen.

	Kiwis und Bananen schälen
	alles in eine Schüssel geben
	auf die Bananen, die Äpfel und die Birnen etwas Zitronensaft tropfen
1	Äpfel und Birnen waschen
	mit einem großen Löffel umrühren
	Äpfel und Birnen mit einem Messer in vier Teile schneiden und entkernen
	das Obst klein schneiden
	einen Löffel Honig dazugeben
	Mandelblättchen darüber streuen

6 Beim Aufschreiben eines Rezepts helfen dir unterschiedliche Satzanfänge. Ordne sie zu.

zuerst zuletzt dann danach anschließend
jetzt schließlich nun als Nächstes

Satz 1 zuerst

Satz 2 ______

Satz 3 ______

Satz 4 ______

Satz 5 ______

Satz 6 ______

Satz 7 ______

Satz 8 ______

Satz 9 ______

7 **Schreibe nun die Anleitung für die Zubereitung des Obstsalats in der Ich-Form auf.**

1. ______________________________
2. ______________________________
____
3. ______________________________
____
4. ______________________________
5. ______________________________
____
6. ______________________________
____
7. ______________________________
8. ______________________________
____
9. ______________________________

8 **Frieda will für Alex das Rezept für Kräuterquark aufschreiben. Bestimmt kannst du ihr helfen. Schreibe in der Du-Form.**

____

Zutaten:

1 Päckchen Quark (250 g)

1 Becher Joghurt

Schnittlauch

1 kleine Gurke

Salz

in einer Schüssel mit dem Schneebesen verrühren

waschen

mit einem Messer klein schneiden

dazugeben

mit einem Löffel umrühren

Zubereitung:

9 Überprüfe dein Rezept mit der Checkliste.

	☺	😐	☹
Der Rezeptname ist meine Überschrift.			
Die Reihenfolge der Arbeitsschritte habe ich eingehalten.			
Ich habe im Text alle Zutaten erwähnt.			
Die Küchengeräte habe ich richtig benannt.			
Ich habe im Präsens geschrieben.			
Die Sätze stehen in der Du-Form.			
Meine Sätze beginnen unterschiedlich.			

Ein Rezept aufschreiben

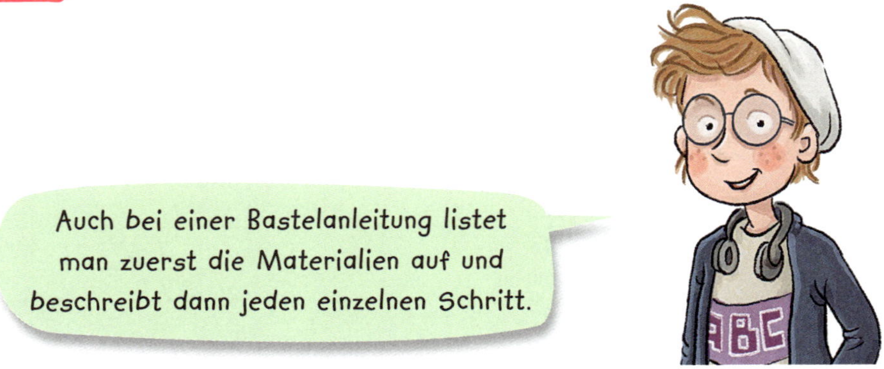

1 **Sieh dir das Taschentuchgespenst genau an und bastele es nach.**

2 **Hast du Lust, die Anleitung für einen Freund oder eine Freundin auf einem extra Blatt aufzuschreiben? Diese Wörter können dir vielleicht helfen:**

Nähnadel Faden Knoten Filzstift Papierkugel
Papiertaschentuch Schere durchstechen umwickeln
knoten malen abschneiden

Einen Bericht schreiben

1 **In einem Bericht steht immer genau, wann und wo etwas geschehen ist. Kreise zuerst wann und wo ein.**

am Samstag auf dem Fußballplatz am frühen Morgen

um 15.30 Uhr in der Parkgarage im Schwimmbad

auf der Straßenkreuzung am späten Abend mittags

im Park am 15. März auf dem Schulhof auf dem Spielplatz

am Mittwoch am Eingang des Schuhgeschäfts gestern

2 **Verbinde nun immer eine Zeitangabe mit einer Ortsangabe.**

am Samstag in der Parkgarage

Ein Bericht beantwortet die sechs Fragen:
Wann? Wo? Wer? Was? Wie? Welche Folgen?
Man erfindet nichts dazu.

1 **Welche Antwort passt zu welcher Frage?**

Wann?	auf dem Schulhof der Seeschule
Wo?	ein Mädchen der Klasse 3a
Wer?	Das Kind fiel beim Fangenspielen auf den Kopf.
Was passierte?	Das Kind wurde ins Krankenhaus gebracht. Dort musste die Platzwunde genäht werden.
Wie genau passierte es?	am Dienstag, den 12. Mai, in der Pause um 11.50 Uhr
Welche Folgen?	Das Kind verletzte sich am Hinterkopf.

Gürtelprüfungen Karate in Murmelbach

Am 21. 02. 2019 fanden vormittags in Murmelbach die Gürtelprüfungen in der Turnhalle des Kids-Karate-Vereins statt.
Bei den Prüfungen zeigten 25 Kinder, was sie in den letzten Wochen im Karateunterricht an Techniken, Trainingsfolgen und bei Übungskämpfen gelernt hatten. Es wurden gelbe, orange, grüne und blaue Gürtel erworben.
Alle Kinder konnten sich über eine bestandene Gürtelprüfung freuen. Die Eltern der Kinder waren sehr stolz.

2 **Findest du im Bericht über die Gürtelprüfungen die Antworten auf die W-Fragen? Unterstreiche sie mit diesen Farben:**

Wann? Wo? Wer? Was? Wie? Welche Folgen?

3 **Hier kannst du die Antworten auf die W-Fragen den verschiedenen Teilen des Berichts zuordnen.**

Einleitung:

Wann? ______________________

Wo? ______________________

Wer? ______________________

Was? ______________________

Hauptteil:

Wie? ______________________

____

____

____

Schluss:

Welche Folgen? ______________________

____

____

Einen Bericht schreiben

1 Welche W-Frage wird beantwortet?
Trage das passende Fragewort ein.

zwei Kinder aus der Klasse 3b ______

Lindenschule ______

ein großer Streit zwischen zwei Kindern ______

die Pausenaufsicht ______

Ein Kind musste zum Arzt. ______

in der großen Pause ______

am 21. Mai um 10 Uhr ______

Beide Kinder wollten unbedingt gewinnen. ______

auf dem Pausenhof ______

2 In der Überschrift eines Berichts steht, über welches Ereignis berichtet wird und wo es stattfand.
Welche Überschriften passen?

- ☐ Verkehrsunfall auf der Autobahn bei Frankfurt
- ☐ Fahrradunfall in der Lindenallee
- ☐ So ein Unglück!
- ☐ Was für ein Spaß!
- ☐ Ein lustiger Ausflug
- ☐ Streitereien auf dem Pausenhof
- ☐ Gebrochenes Bein auf dem Fußballplatz
- ☐ Sponsorenlauf an der Sonnenschule

3 **Findest du die Wörter, die nicht in einen Bericht gehören? Streiche sie durch.**

beobachten	finden	ungefähr	schwören	fühlen
glauben	aufregen	beschädigen	genau	sehen
feststellen	vermutlich	meinen	klären	leichtsinnig
vielleicht	alarmieren	passieren	traurig	ängstlich

4 **Welche Sätze gehören in einen Bericht (r) und welche nicht (f)?**

- [ ] Die Polizei sperrte die Straße ab.
- [ ] Es war furchtbar heiß an diesem Morgen.
- [ ] Der Krankenwagen wurde alarmiert.
- [ ] Herr Müller war traurig über sein kaputtes Auto.
- [ ] Um 9.30 Uhr passierte ein Unfall an der Bahnhofstraße.
- [ ] Eine Frau meinte, der Radfahrer war leichtsinnig.
- [ ] Schnell versammelten sich viele Menschen am Unfallort.
- [ ] Frau Mayer wurde leicht verletzt.
- [ ] Das Auto kam rückwärts auf die Straße.
- [ ] Zwei Kinder, die den Unfall sahen, waren sehr aufgeregt.
- [ ] Vielleicht ist der Radfahrer gar nicht verletzt.
- [ ] Frau Müller glaubt, dass der Fahrer des Autos Schuld hatte.
- [ ] Der Fahrer des Autos hatte Angst vor der Polizei.

5 Hier ist etwas durcheinandergeraten. Nummeriere die Teile des Berichts in der richtigen Reihenfolge.

Ein Mädchen kletterte auf die schräge Drehscheibe und lief los. Dabei drehte sich diese immer schneller.

Ihre Freunde holten schnell die Mutter, die den Rettungswagen alarmierte.

Am Dienstag, den 15. April, passierte ein Unfall auf dem Spielplatz an der Sonnenstraße.

Im Krankenhaus wurden ein Bruch des linken Unterarms und eine Gehirnerschütterung festgestellt.

Das Mädchen konnte sich nicht mehr halten und stürzte herunter auf den harten Boden.

Das Mädchen wurde mit dem Rettungswagen ins Krankenhaus gebracht.

6 Welche Überschrift passt zum Bericht in Übung 5? Kreuze an oder überlege dir selbst eine Überschrift.

- ☐ Auf dem Spielplatz
- ☐ Unfall auf dem Spielplatz Sonnenstraße
- ☐ Ein Nachmittag auf dem Spielplatz
- ☐ Das Mädchen im Rettungswagen

Eine Einladung schreiben

1 Diese Verben können dir helfen, wenn du eine Einladung schreibst. Schreibe sie in der richtigen Form auf.

einladen	ich lade ein	wir laden ein
abholen	ich hole ab	wir holen ab
mitbringen	ich bringe mit	wir bringen mit
essen	ich esse	wir essen
fahren	ich fahre	wir fahren
spielen	ich spiele	wir spielen
grillen	ich grille	wir grillen

2 Welches Verb passt hier?

Ich darf vier Kinder zu meinem Geburtstag einladen.

Wir fahren in einen Klettergarten.

Die Kinder müssen Turnschuhe mitbringen.

Außerdem spielen wir im Garten.

Nachmittags essen wir Muffins.

Abends grillen wir Würstchen.

Die Eltern können die Kinder um 19 Uhr wieder abholen.

Liebe Frieda,

am Freitag, den 12. Juli, feiere ich ein Sommerfest. Dazu lade ich dich herzlich ein. Komm bitte um 14.00 Uhr zu mir nach Hause. Wir spielen im Garten lustige Spiele und können uns auch mit Wasser nass spritzen. Bitte bringe deinen Badeanzug mit. Nachmittags essen wir Muffins und abends grillen wir Würstchen. Um 19.00 Uhr wirst du nach Hause gebracht.

Viele Grüße
Konrad

1 Findest du die Antworten in Konrads Einladung?

Wann? am Freitag, den 12. Juli, von 14.00 bis 19.00 Uhr

Wo? bei Konrad zu Hause

Wozu? (Anlass) Sommerfest

2 Was erfährst du außerdem aus Konrads Einladung?

- [ ] Abends gibt es Kartoffelsalat.
- [x] Es gibt Muffins.
- [ ] Frieda soll den Fußball mitbringen.
- [x] Es sollen lustige Spiele gespielt werden.
- [x] Es werden Würstchen gegrillt.
- [x] Frieda wird abends nach Hause gebracht.
- [ ] Nachmittags gibt es leckere Waffeln.
- [x] Frieda soll den Badeanzug mitbringen.
- [ ] Am Abend soll Frieda von den Eltern abgeholt werden.

3 Was kann auf einer Geburtstagsfeier noch stattfinden?

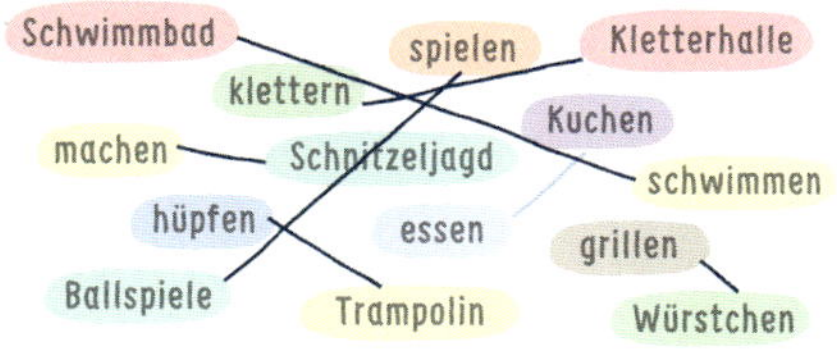

4 Schreibe es so auf:

Wir essen Kuchen.

Wir hüpfen auf dem Trampolin.

Wir klettern in der Kletterhalle.

Wir grillen Würstchen.

Wir schwimmen im Schwimmbad.

Wir machen eine Schnitzeljagd.

Wir spielen Ballspiele.

Fällt dir selbst noch etwas ein?

Lösungsbeispiele:

Wir bauen Buden im Wald.

Wie spielen Fußball auf dem Sportplatz.

1 Kannst du Ina helfen, eine Einladung zu schreiben? Wähle aus jedem Kasten eine Möglichkeit aus.

(eigene Lösung)

- [ ] Freitag, den 15. Mai, um 15.00 Uhr
- [ ] Samstag vor Pfingsten um 14.30 Uhr

- [ ] zu mir nach Hause
- [ ] auf die Wiese neben dem Spielplatz

- [ ] Muffins und Apfelsaft
- [ ] Grillwürstchen und Limonade

- [ ] tolle Spiele
- [ ] ein lustiges Programm

2 Jetzt kannst du Inas Einladung entsprechend ergänzen.

Lieber Paul, Lösungen siehe Übung 1

ich feiere am ______ um ______

meinen Geburtstag und möchte dich dazu einladen.

Komm bitte ______.

Es gibt ______.

Wir haben ______ für euch vorbereitet.

Zum Schluss bringen wir dich nach Hause.

Deine Freundin Ina

Lieber Konrad,

ich lade dich zu meinem Geburtstag ein.
Er ist am 12. März. Wir fahren in eine Sporthalle.
Zum Schluss essen wir zusammen Pommes.

Dein Freund Alex

3 **Konrad hat diese Einladung von Alex bekommen. Was fehlt?**

- [ ] die Anrede „Lieber …"
- [x] Um wie viel Uhr geht es los?
- [x] Wohin soll Konrad kommen?
- [ ] Was passiert auf dem Fest?
- [x] Muss Konrad etwas mitbringen?
- [x] Wann ist das Fest zu Ende?
- [x] Wie kommt er nach Hause?
- [ ] Unterschrift

4 **Was gehört hier zusammen? Verbinde es.**

Ich feiere meinen Geburtstag	Turnschuhe mit.
Wir treffen uns um 15 Uhr	deine Eltern abholen.
Bitte bringe deine	bei mir zu Hause.
Um 19.30 Uhr können dich	am 12. März.

Auch Frieda hat bald Geburtstag. Sie spricht mit ihrer Mutter über ihre Geburtstagsfeier.

Frieda: Mama, ich habe doch nächste Woche Geburtstag …
Mama: Ja, ich habe mir auch schon Gedanken gemacht. Wir könnten am Samstag danach, also am 16. April, in die Kletterhalle fahren.
Frieda: Das ist eine tolle Idee, Mama!
Mama: Wen möchtest du denn einladen?
Frieda: Hanna, Konrad, Alex, Leon und Sofia.
Mama: Lade sie doch für 14.00 Uhr zu uns nach Hause ein, dann fahren wir zusammen zur Kletterhalle. Sie sollen unbedingt Turnschuhe mitbringen. Anschließend essen wir bei uns Pizza und ihre Eltern können sie dann um 19.00 Uhr bei uns abholen.
Frieda: Das wird bestimmt super, Mama!

5 **Findest du die Antworten auf die Fragen zu Friedas Fest?**

Wer ist eingeladen? Hanna, Konrad, Alex, Leon und Sofia

Wann sollen die Gäste kommen? um 14.00 Uhr

Wohin sollen sie kommen? zu Frieda nach Hause

Was passiert auf dem Fest? Sie fahren zur Kletterhalle.

Müssen die Gäste etwas mitbringen? Turnschuhe

Was gibt es zu essen? Pizza

Wann ist das Fest zu Ende? um 19.00 Uhr

6 **Hier sind zwei Einladungen vermischt. Wähle aus jedem Feld eine Möglichkeit aus und markiere sie.** eigene Lösung

Lösungsbeispiele zu Übung 7:

Lieber Max,
am 12. September feiere ich meinen Geburtstag.
Komm bitte um 13 Uhr zum Spielplatz.
Wir wollen am Bach einen Damm bauen.
Bitte bringe deine Gummistiefel mit.
Abends gibt es bei uns Würstchen mit Pommes.
Du wirst um 19 Uhr nach Hause gebracht.
Liebe Grüße
Lina

Liebe Elif,
ich feiere am 22. August meinen 9. Geburtstag.
Bitte komm um 11 Uhr zu mir nach Hause.
Wir machen eine Abenteuerführung in einer Höhle.
Du musst unbedingt alte Sachen anziehen.
Zum Schluss essen wir bei uns zu Hause Eis.
Lass dich um 16.30 Uhr von deinen Eltern abholen.
Viele Grüße
Dein Freund Sinan

7 **Schreibe nun die Einladung mit den ausgewählten Teilen auf ein extra Blatt.**

Personen beschreiben

pummelig – freundlich – blond – fröhlich – groß – dünn – kräftig – ehrlich – schlau – sportlich – klein – spitz – lustig – lockig – schwarzhaarig – ernst – rund – blass – schmal – streng – schlank

1 **Welche Adjektive beschreiben dich? Kreise sie ein.** (eigene Lösung)

2 **Welche Adjektive passen gut zu deiner besten Freundin / deinem besten Freund? Kreise sie grün ein.** (eigene Lösung)

3 **Findest du die richtige Spalte für die Adjektive von oben?**

Körperbau	Gesicht/Haare	Eigenschaften
pummelig	blond	freundlich
dünn	spitz	fröhlich
groß	lockig	ehrlich
kräftig	schwarzhaarig	schlau
sportlich	rund	lustig
klein	blass	ernst
schlank	schmal	streng

1 Ein Satz in jeder Reihe ist richtig. Erkennst du ihn? Markiere die richtigen Sätze.

Jonas ist ein neunjähriger Junge.	Jonas war ein neunjähriger Junge.
Er ist 1,30 m groß und ich finde, er ist dick.	**Er ist 1,30 m groß und kräftig.**
Seine Haare sind braun und kurz geschnitten.	Seine Haare sind braun und er hat meiner Meinung nach einen coolen Haarschnitt.
Er hat ein rundes Gesicht, eine Stupsnase und blaue Augen.	Ich meine, sein Gesicht ist rund, und er hat wahrscheinlich eine Stupsnase.
Gestern war er mit einer Jeans und einem geringelten T-Shirt bekleidet.	**Jonas ist mit einer Jeans und einem geringelten T-Shirt bekleidet.**
Ich finde seine blauen Turnschuhe sehr schön.	**Er trägt blaue Turnschuhe mit weißen Streifen.**
Am Arm hat er eine Uhr mit einem blauen Armband.	Am Arm hatte er meist eine Uhr mit einem blauen Armband.
Er trägt eine Brille mit runden Gläsern.	Ich glaube, dass er eine Brille mit runden Gläsern trägt.

Bei einer Personenbeschreibung schreibst du sachlich, was du sehen kannst. Schreibe im Präsens, also in der Gegenwartsform.

2 In der vorigen Übung hast du einiges über Jonas' Aussehen erfahren. Trage es hier ein.

Alter:	9 Jahre
Größe/Körperbau:	1,30 m groß und kräftig
Haare:	braun, kurz geschnitten
Gesicht:	rundes Gesicht
Augen:	blau
Nase:	Stupsnase
Kleidung:	Jeans, geringeltes T-Shirt, blaue Turnschuhe mit weißen Streifen
Besonderheiten:	Uhr mit blauem Armband, runde Brille

3 Richtig (r) oder falsch (f)? Das weißt du jetzt bestimmt.

- r Ich beschreibe eine Person sachlich.
- f Ich schreibe auch über meine Gefühle.
- r Ich beschreibe Gesicht und Haare.
- f Ich schreibe auch meine Meinung über die Person.
- f Ich schreibe im Präteritum (1. Vergangenheitsform).
- r Ich beschreibe eine Person von oben nach unten.
- r Ich beschreibe die Kleidung, die die Person gerade trägt.
- r Ich schreibe im Präsens (Gegenwartsform).
- r Ich beschreibe die Größe und den Körperbau der Person.

1 Diese Wörter beschreiben Lina. Sicher kannst du die Wörter den passenden Oberbegriffen zuordnen.

rote Bluse – Mädchen – dünn – blaue Turnschuhe – 1,40 m groß – Jeans – Brille – neun Jahre alt – Ringelsocken – blonder Pferdeschwanz – silbernes Armband – braune Augen – Stupsnase – fröhlich – rotes Haarband – schmales Gesicht – Ohrringe – lange Beine

Lina

- Alter / Geschlecht: neun Jahre alt, Mädchen/weiblich
- Größe / Körperbau: 1,40 m groß, dünn, lange Beine
- Gesicht: schmales Gesicht, Stupsnase, braune Augen
- Haare: blonder Pferdeschwanz, rotes Haarband
- Kleidung: rote Bluse, Jeans, blaue Turnschuhe, Ringelsocken
- Besonderheiten: Brille, Ohrringe, silbernes Armband, fröhlich

2 Jetzt kannst du Lina auf ein extra Blatt malen.

(eigene Lösung)

Frieda hat ihren Freund Willi Wiese sehr genau beschrieben:
Willi Wiese ist ein Junge.
Er ist neun Jahre alt.
Er hat eine gesunde Gesichtsfarbe.
Er hat viele Sommersprossen.
Er hat rote Haare.
Er hat eine Kurzhaarfrisur.
Er hat eine blaue kurze Hose mit weißen Streifen an.
Er hat ein rotes T-Shirt an.
Er hat blaue Socken an.
Er hat blau-weiße Turnschuhe an.
Er hat viel Mut.
Er hat ein Kaninchen und einen Hamster.

Am besten beschreibt man eine Person von oben nach unten.

3 Leider beginnen Friedas Sätze fast immer gleich. Welche anderen Wörter passen?

- [x] der Junge
- [ ] der junge Mann
- [x] das Kind
- [x] Willi Wiese
- [ ] der Jugendliche
- [x] das gesuchte Kind
- [x] Willi
- [ ] der Freund
- [ ] das Kleinkind
- [x] das Schulkind

4 **So kannst du Wiederholungen vermeiden:**
Verbinde immer zwei Sätze, die zusammengehören.

Willi Wiese ist ein Junge.
Er ist neun Jahre alt.

Willi Wiese ist ein neun Jahre alter Junge.

Er hat eine gesunde Gesichtsfarbe.
Er hat viele Sommersprossen.

Er hat eine gesunde Gesichtsfarbe und
viele Sommersprossen.

Er hat rote Haare.
Er hat eine Kurzhaarfrisur.

Er hat rote Haare und eine Kurzhaarfrisur.

Er hat eine blaue kurze Hose mit weißen Streifen an.
Er hat ein rotes T-Shirt an.

Er hat eine blaue kurze Hose mit weißen Streifen
und ein rotes T-Shirt an.

Er hat blaue Socken an.
Er hat blau-weiße Turnschuhe an.

Er hat blaue Socken und blau-weiße Turnschuhe an.

5 **Was klingt besser?**

- [ ] Er hat eine Kurzhaarfrisur.
- [x] Er trägt eine Kurzhaarfrisur.

- [ ] Er hat ein rotes T-Shirt an.
- [x] Er ist mit einem roten T-Shirt bekleidet.

- [x] Er trägt blaue Socken.
- [ ] Er hat blaue Socken an.

- [ ] Er hat ein Kaninchen und einen Hamster.
- [x] Er besitzt ein Kaninchen und einen Hamster.

6 **Bestimmt kannst du Willi Wiese jetzt beschreiben.**

Lösungsbeispiel:

Willi Wiese ist ein neun Jahre alter Junge. Er hat eine gesunde Gesichtsfarbe und viele Sommersprossen.
Willi hat rote Haare und trägt eine Kurzhaarfrisur.
Er ist mit einer blauen kurzen Hose mit weißen Streifen, einem roten T-Shirt, blauen Socken und blau-weißen Turnschuhen bekleidet.
Willi Wiese besitzt ein Kaninchen und einen Hamster und hat viel Mut.

7 **Möchtest du die Hexe oder den Clown beschreiben? Schreibe deinen Text auf ein extra Blatt. Wenn es dir hilft, lege zuerst eine Mindmap an wie auf Seite 19.**

Lösungsbeispiele:

Hexe Wackelzahn
Die Hexe Wackelzahn hat ein längliches Gesicht, große grüne Augen und eine lange Nase, die spitz zuläuft. Aus ihrem Mund guckt der Wackelzahn.
Um den Kopf trägt sie ein braunes Kopftuch, unter dem einzelne Haare hervorschauen.
Sie ist mit einem grau-braunen Kleid und einer grünen Schürze bekleidet. Ihre nackten Füße stecken in braunen Pantoffeln.
Die Hexe steht ganz krumm und auf ihrem Buckel sitzt ihr frecher schwarz-weißer Kater Kasimir. Ihren Hexenbesen hat sie immer dabei.

Clown Fridolin
Clown Fridolin hat ein rundes Gesicht und große Augen. Seine Ohren stehen ab und er trägt eine dicke rote Clownsnase. Sein Mund ist zu einem großen Clownsmund geschminkt.
Auf dem Kopf trägt der Clown ein winziges Hütchen mit einer Blume. Seine blonden Haare stehen seitlich vom Kopf ab. Er trägt eine grüne Hose mit großen braunen Punkten, dazu Hosenträger und einen lila-weiß gestreiften Pullover. Seine Schuhe sind grau-braun und viel zu groß. Man sieht ihn nie ohne seine Trompete.

1 **Das ist Konrads Katze Mia.**
Sicher kannst du sie beschreiben.
Diese Wörter können dir dabei helfen:

schwarz-weiß Fell dicht
Schwanz buschig Pfoten
Spitze klein Ohren Schnurrhaare

Lösungsbeispiel:

Konrads Katze Mia ist schwarz-weiß. Sie hat ein buschiges und dichtes Fell. Mias Ohren und ihr Gesicht sind bis zu den Schnurrhaaren schwarz, darunter ist ihr Fell weiß. Ihre Brust, alle vier Pfoten und die Schwanzspitze sind auch weiß. Das restliche Fell ist schwarz. Mias Augen sind grün.

2 **Du hast deinen Lieblingspulli verloren.**
Male ihn in das Feld.
Beschreibe ihn dann auf einem extra Blatt genau (Farbe, Muster, Größe …).

(eigene Lösung)

Ein Rezept aufschreiben

klein schneiden Pfanne hacken Tischbein pellen
Schneebesen backen Topf schreiben Sieb schälen Mixer
würzen Schüssel waschen Löffel braten rennen Buch Messer

1 Kannst du die Begriffe richtig in die Spalten einsortieren?

Das mache ich	Diese Dinge benötige ich
klein schneiden	Pfanne
hacken	Schüssel
pellen	Schneebesen
backen	Topf
schälen	Sieb
würzen	Mixer
waschen	Löffel
braten	Messer

2 Findest du zwei Verben und zwei Nomen, die nicht dazu passen?

schreiben — Tischbein
rennen — Buch

Kleine Pfannkuchen

- Eier aufschlagen und in eine Schüssel geben
- Milch dazugeben
- mit einem Schneebesen Eier und Milch verquirlen
- Mehl dazugeben und mit dem Mixer zu einem Teig verrühren
- Butter in einer Pfanne schmelzen lassen
- zwei Löffel Teig in die Pfanne geben
- Teigfladen von einer Seite backen
- mit einem Pfannenheber wenden und die andere Seite backen
- mit Marmelade bestreichen

Bei einem Rezept muss man die Zutaten und die Küchengeräte genau benennen.

1 Findest du alle Zutaten im Rezept? Unterstreiche sie rot.

2 Welche Küchengeräte werden benötigt? Unterstreiche sie grün.

3 Schreibe hier noch einmal auf, welche Zutaten und Geräte man für die Pfannkuchen benötigt.

Zutaten: Eier, Milch, Mehl, Butter, Marmelade

Geräte: Schüssel, Schneebesen, Mixer, Pfanne, Löffel, Pfannenheber

4 Welche Verben gehören zum Pfannkuchen-Rezept?

In einem Rezept wird mit treffenden Verben ausgedrückt, was genau zu tun ist.

- [ ] umrühren
- [x] geben
- [x] verquirlen
- [x] dazugeben
- [x] backen
- [x] bestreichen
- [ ] abschlecken
- [ ] klein schneiden
- [x] wenden
- [ ] waschen
- [ ] kochen
- [x] schmelzen
- [ ] hacken
- [ ] abgießen
- [ ] würzen
- [ ] schälen
- [x] verrühren
- [x] aufschlagen

1 Die Zutaten für zwei Gerichte sind hier vermischt. Bestimmt findest du die Zutaten für einen Obstsalat. Kreise sie ein.

(2 Bananen) 500 g Spaghetti 2 Löffel Öl (2 Äpfel)
(1 Löffel Honig) 500 g Hackfleisch 1 Zwiebel
etwas Salz 4 Tomaten (2 Kiwis) (1 Löffel Zitronensaft)
(2 Birnen) etwas Pfeffer (2 Löffel Mandelblättchen)

2 Schreibe die Zutaten für den Obstsalat untereinander.

Zutaten:

2 Bananen
2 Äpfel
2 Kiwis
2 Birnen
1 Löffel Honig
1 Löffel Zitronensaft

Der Name des Rezepts ist immer die Überschrift.

Weißt du, wie das Gericht heißt, das man mit den anderen Zutaten zubereiten kann?

Spaghetti Bolognese / mit Hackfleischsoße

3 Welche Küchengeräte brauchst du für die Zubereitung des Obstsalats?

- [x] großer Löffel
- [ ] Sieb
- [ ] Pfanne
- [x] Messer
- [ ] Mixer
- [ ] Messbecher
- [ ] Schneebesen
- [ ] Pfannenheber
- [x] Schüssel
- [ ] Topf
- [x] Schneidebrett
- [ ] Reibe

4 Diese Verben benötigst du für das Obstsalat-Rezept. Setze sie in die Ich-Form.

schälen tropfen umrühren entkernen waschen schneiden geben streuen

schälen – ich schäle

tropfen – ich tropfe

umrühren – ich rühre um

entkernen – ich entkerne

waschen – ich wasche

schneiden – ich schneide

geben – ich gebe

streuen – ich streue

5 Das Rezept für Obstsalat ist hier durcheinandergeraten. Sicher kannst du es in die richtige Reihenfolge bringen.

3 Kiwis und Bananen schälen

6 alles in eine Schüssel geben

5 auf die Bananen, die Äpfel und die Birnen etwas Zitronensaft tropfen

1 Äpfel und Birnen waschen

8 mit einem großen Löffel umrühren

2 Äpfel und Birnen mit einem Messer in vier Teile schneiden und entkernen

4 das Obst klein schneiden

7 einen Löffel Honig dazugeben

9 Mandelblättchen darüber streuen

6 Beim Aufschreiben eines Rezepts helfen dir unterschiedliche Satzanfänge. Ordne sie zu.

zuerst zuletzt dann danach anschließend jetzt schließlich nun als Nächstes

Satz 1 zuerst	Satz 6 schließlich
Satz 2 dann	Satz 7 danach
Satz 3 als Nächstes	Satz 8 anschließend
Satz 4 nun	Satz 9 zuletzt
Satz 5 jetzt	

7 Schreibe nun die Anleitung für die Zubereitung des Obstsalats in der Ich-Form auf.

Lösungsbeispiel:

1. Zuerst wasche ich die Äpfel und die Birnen.
2. Dann schneide ich die Äpfel und die Birnen mit einem Messer in vier Teile und entkerne sie.
3. Als Nächstes schäle ich die Kiwis und die Bananen.
4. Nun schneide ich das Obst klein.
5. Jetzt tropfe ich auf die Bananen, die Äpfel und die Birnen etwas Zitronensaft.
6. Schließlich gebe ich alles in eine große Schüssel.
7. Danach gebe ich einen Löffel Honig dazu.
8. Anschließend rühre ich alles mit einem großen Löffel um.
9. Zuletzt streue ich Mandelblättchen darüber.

8 Frieda will für Alex das Rezept für Kräuterquark aufschreiben. Bestimmt kannst du ihr helfen. Schreibe in der Du-Form.

Kräuterquark

Zutaten:

1 Päckchen Quark (250 g)

1 Becher Joghurt

Schnittlauch

1 kleine Gurke

Salz

in einer Schüssel mit dem Schneebesen verrühren

waschen

mit einem Messer klein schneiden

dazugeben

mit einem Löffel umrühren

Zubereitung:

Lösungsbeispiel:

Zuerst gibst du den Quark und den Joghurt in eine Schüssel und verrührst beides mit einem Schneebesen. Dann wäschst du die Gurke und den Schnittlauch. Mit einem Messer schneidest du anschließend die Gurke in kleine Stücke und den Schnittlauch in kleine Röllchen. Nun gibst du die Gurkenstückchen und den Schnittlauch zu Quark und Joghurt in die Schüssel. Würze alles mit ein bisschen Salz. Zuletzt rührst du mit einem Löffel alles gut um.

9 Überprüfe dein Rezept mit der Checkliste.

	☺	😐	☹
Der Rezeptname ist meine Überschrift.			
Die Reihenfolge der Arbeitsschritte habe ich eingehalten.			
Ich habe im Text alle Zutaten erwähnt.			
Die Küchengeräte habe ich richtig benannt.			
Ich habe im Präsens geschrieben.			
Die Sätze stehen in der Du-Form.			
Meine Sätze beginnen unterschiedlich.			

Auch bei einer Bastelanleitung listet man zuerst die Materialien auf und beschreibt dann jeden einzelnen Schritt.

Lösungsbeispiel:

Taschentuchgespenst

Materialien:
1 kleine Papierkugel
1 Papiertaschentuch
2 Fäden
1 Nähnadel
Schere
schwarzer Filzstift

So machst du es:
Zuerst fädelst du den Faden durch die Nadel und machst am Fadenende einen Knoten. Danach stichst du die Nadel mitten durch die Papierkugel und ziehst den Faden bis zum Knoten durch.

Anschließend breitest du das Papiertaschentuch aus und stichst mit der Nadel genau durch die Mitte. Dann ziehst du den Faden aus der Nadel und legst diese zur Seite. Jetzt nimmst du den zweiten Faden, wickelst ihn zweimal unterhalb der Kugel um das Papiertaschentuch und machst zwei Knoten. Die überhängenden Fadenenden schneidest du nun ab. Zum Schluss malst du mit einem schwarzen Filzstift zwei Augen auf das Taschentuch, wo es sich über die Kugel spannt.

Jetzt kannst du den langen Faden am Kopfende in die Hand nehmen und das Gespenst tanzen lassen.

Einen Bericht schreiben

1 In einem Bericht steht immer genau, wann und wo etwas geschehen ist. Kreise zuerst wann und wo ein.

am Samstag | auf dem Fußballplatz | am frühen Morgen
um 15.30 Uhr | in der Parkgarage | im Schwimmbad
auf der Straßenkreuzung | am späten Abend | mittags
im Park | am 15. März | auf dem Schulhof | auf dem Spielplatz
am Mittwoch | am Eingang des Schuhgeschäfts | gestern

2 Verbinde nun immer eine Zeitangabe mit einer Ortsangabe.

am Samstag in der Parkgarage

Lösungsbeispiel:

gestern auf dem Fußballplatz

im Park um 15.30 Uhr

am frühen Morgen auf der Straßenkreuzung

am Mittwoch im Schwimmbad

mittags auf dem Schulhof

am Eingang des Schuhgeschäfts am späten Abend

auf dem Spielplatz am 15. März

Ein Bericht beantwortet die sechs Fragen: Wann? Wo? Wer? Was? Wie? Welche Folgen? Man erfindet nichts dazu.

1 Welche Antwort passt zu welcher Frage?

Wann?	auf dem Schulhof der Seeschule
Wo?	ein Mädchen der Klasse 3a
Wer?	Das Kind fiel beim Fangenspielen auf den Kopf.
Was passierte?	Das Kind wurde ins Krankenhaus gebracht. Dort musste die Platzwunde genäht werden.
Wie genau passierte es?	am Dienstag, den 12. Mai, in der Pause um 11.50 Uhr
Welche Folgen?	Das Kind verletzte sich am Hinterkopf.

Gürtelprüfungen Karate in Murmelbach

Am 21.02.2019 fanden vormittags in Murmelbach die Gürtelprüfungen in der Turnhalle des Kids-Karate-Vereins statt.
Bei den Prüfungen zeigten 25 Kinder, was sie in den letzten Wochen im Karateunterricht an Techniken, Trainingsfolgen und bei Übungskämpfen gelernt hatten. Es wurden gelbe, orange, grüne und blaue Gürtel erworben.
Alle Kinder konnten sich über eine bestandene Gürtelprüfung freuen. Die Eltern der Kinder waren sehr stolz.

2 **Findest du im Bericht über die Gürtelprüfungen die Antworten auf die W-Fragen? Unterstreiche sie mit diesen Farben:**
Wann? Wo? Wer? Was? Wie? Welche Folgen?

3 **Hier kannst du die Antworten auf die W-Fragen den verschiedenen Teilen des Berichts zuordnen.**

Einleitung:

Wann? am 21. 02. 2019 vormittags

Wo? in Murmelbach im Kids-Karate-Verein

Wer? 25 Kinder

Was? Gürtelprüfungen

Hauptteil:

Wie? Bei den Prüfungen zeigten 25 Kinder, was sie in den letzten Wochen im Karateunterricht an Techniken, Trainingsfolgen und bei Übungskämpfen gelernt hatten. Es wurden gelbe, orange, grüne und blaue Gürtel erworben.

Schluss:

Welche Folgen? Alle Kinder konnten sich über eine bestandene Gürtelprüfung freuen. Die Eltern der Kinder waren sehr stolz.

1 **Welche W-Frage wird beantwortet? Trage das passende Fragewort ein.**

zwei Kinder aus der Klasse 3b	Wer?
Lindenschule	Wo?
ein großer Streit zwischen zwei Kindern	Was?
die Pausenaufsicht	Wer?
Ein Kind musste zum Arzt.	Welche Folgen?
in der großen Pause	Wann?
am 21. Mai um 10 Uhr	Wann?
Beide Kinder wollten unbedingt gewinnen.	Wie?
auf dem Pausenhof	Wo?

2 **In der Überschrift eines Berichts steht, über welches Ereignis berichtet wird und wo es stattfand. Welche Überschriften passen?**

- [x] Verkehrsunfall auf der Autobahn bei Frankfurt
- [x] Fahrradunfall in der Lindenallee
- [ ] So ein Unglück!
- [ ] Was für ein Spaß!
- [ ] Ein lustiger Ausflug
- [x] Streitereien auf dem Pausenhof
- [x] Gebrochenes Bein auf dem Fußballplatz
- [x] Sponsorenlauf an der Sonnenschule

3 **Findest du die Wörter, die nicht in einen Bericht gehören? Streiche sie durch.**

beobachten	~~finden~~	~~ungefähr~~	~~schwören~~	~~fühlen~~
~~glauben~~	~~aufregen~~	beschädigen	genau	sehen
feststellen	~~vermutlich~~	~~meinen~~	klären	~~leichtsinnig~~
~~vielleicht~~	alarmieren	passieren	~~traurig~~	~~ängstlich~~

4 **Welche Sätze gehören in einen Bericht (r) und welche nicht (f)?**

- r Die Polizei sperrte die Straße ab.
- f Es war furchtbar heiß an diesem Morgen.
- r Der Krankenwagen wurde alarmiert.
- f Herr Müller war traurig über sein kaputtes Auto.
- r Um 9.30 Uhr passierte ein Unfall an der Bahnhofstraße.
- f Eine Frau meinte, der Radfahrer war leichtsinnig.
- f Schnell versammelten sich viele Menschen am Unfallort.
- r Frau Mayer wurde leicht verletzt.
- r Das Auto kam rückwärts auf die Straße.
- f Zwei Kinder, die den Unfall sahen, waren sehr aufgeregt.
- f Vielleicht ist der Radfahrer gar nicht verletzt.
- f Frau Müller glaubt, dass der Fahrer des Autos Schuld hatte.
- f Der Fahrer des Autos hatte Angst vor der Polizei.

5 **Hier ist etwas durcheinandergeraten. Nummeriere die Teile des Berichts in der richtigen Reihenfolge.**

2 Ein Mädchen kletterte auf die schräge Drehscheibe und lief los. Dabei drehte sich diese immer schneller.

4 Ihre Freunde holten schnell die Mutter, die den Rettungswagen alarmierte.

1 Am Dienstag, den 15. April, passierte ein Unfall auf dem Spielplatz an der Sonnenstraße.

6 Im Krankenhaus wurden ein Bruch des linken Unterarms und eine Gehirnerschütterung festgestellt.

3 Das Mädchen konnte sich nicht mehr halten und stürzte herunter auf den harten Boden.

5 Das Mädchen wurde mit dem Rettungswagen ins Krankenhaus gebracht.

6 **Welche Überschrift passt zum Bericht in Übung 5? Kreuze an oder überlege dir selbst eine Überschrift.**

- [ ] Auf dem Spielplatz
- [x] Unfall auf dem Spielplatz Sonnenstraße
- [ ] Ein Nachmittag auf dem Spielplatz
- [ ] Das Mädchen im Rettungswagen

7 Du kannst sicher die W-Fragen zum Text auf Seite 40 stichwortartig beantworten.

Wann? am Dienstag, den 15. April

Wo? auf dem Spielplatz an der Sonnenstraße

Wer? ein Mädchen

Was? ein Unfall

Wie? Mädchen kletterte auf schräge Drehscheibe, lief los, Scheibe drehte sich immer schneller, es konnte sich nicht mehr halten, stürzte auf den Boden

Welche Folgen? Mädchen mit Rettungswagen ins Krankenhaus, linker Unterarm gebrochen, Gehirnerschütterung

8 Welche Aussage ist richtig (r), welche falsch (f)?

	r	f
Ich schreibe einen Bericht kurz und sachlich.	×	
Ich schreibe in der 1. Vergangenheitsform.	×	
Beim Bericht muss ich keine feste Reihenfolge beachten.		×
Ich schreibe in einen Bericht meine eigene Meinung.		×
Ich überlege mir eine spannende Überschrift.		×
Ich berichte nur, was wirklich passiert ist, und erfinde nichts dazu.	×	

10 Schreibe jetzt deinen Unfallbericht auf.

Lösungsbeispiel:

Zusammenstoß mit Mädchen auf Inlinern

Gestern Abend um 19.30 Uhr gab es auf der Seestraße Richtung Schule einen Zusammenstoß zwischen einem 9-jährigen Mädchen auf Inlinern und einem Auto. Der Autofahrer fuhr zu schnell und konnte nicht mehr bremsen. Das Kind erlitt eine Kopfverletzung und das Auto fuhr gegen ein Straßenschild. Das Mädchen wurde am Unfallort behandelt und in ein Krankenhaus gebracht. Der Sachschaden beträgt ungefähr 25 000 €.

11 Überprüfe deinen Bericht mit der Checkliste.

	☺	😐	☹
Die Überschrift passt zu meinem Bericht.			
Ich habe die Reihenfolge eingehalten.			
Mein Bericht hat alle wichtigen Einzelheiten.			
Ich habe sachlich geschrieben und nicht über meine Meinung oder Gefühle.			
Ich habe nichts dazuerfunden.			
Mein Bericht ist im Präteritum (1. Vergangenheitsform) geschrieben.			

Briefe und E-Mails verfassen

1 Findest du das passende Pronomen für jede Lücke?

Neustadt, den 27. Juli 2019

Lieber Opa,

wie geht es dir? Ich bin gut wieder bei Mama und Papa angekommen.

Die letzte Woche bei dir war so schön. Du hast dir so viele tolle Sachen für mich ausgedacht. Besonders gut war deine Idee, die Fahrradtour zum See zu machen. Kannst du in deinem Schuppen einmal nachsehen, ob ich meine Luftpumpe dort vergessen habe?

Dir bei der Gartenarbeit zu helfen, hat mir auch Spaß gemacht. Und deine Pfannkuchen sind einfach die besten. Ich danke dir auch noch einmal für das tolle Buch, das du mir zum Abschied geschenkt hast. Abends lese ich jetzt immer darin.

Viele liebe Grüße

deine Frieda

du – du – Du dir – dir – dir – Dir

deine – deine – deine – deinem

Alex' beste Freundin Marie ist im vergangenen Monat von Neustadt nach Berlin gezogen. Heute schreibt er ihr einen Brief.

Neustadt, den 15.10.2019

Liebe Marie,

jetzt wohnst du schon fast drei Wochen nicht mehr in Neustadt. Wie geht es dir?

Heute hatten wir einen aufregenden Tag in der Schule. Vor der großen Pause gab es einen Feueralarm. Alle Kinder haben mit ihren Lehrerinnen ganz schnell das Schulgebäude verlassen und sich auf dem Hof versammelt. Wir dachten, es ist ein Probealarm, aber dann hat es wirklich im Keller gebrannt und die Feuerwehr kam. Sie konnte den Brand schnell löschen.

Jetzt muss ich Schluss machen. Bitte schreib mir bald zurück.

Viele Grüße

Alex

1 Findest du die Teile des Briefes? Unterstreiche sie mit diesen Farben.

Ort und Datum – Brieftext – Anrede

Einleitungssätze – Schlusssätze – Gruß

2 **Alex hat sich Maries Adresse aufgeschrieben. Kannst du ihm helfen, den Briefumschlag zu beschriften? Male auch eine Briefmarke dazu.**

Dies sind die beiden Adressen:

01654 Berlin   Marie Schneider   Sonnenallee 25
30981 Neustadt   Am Dorfteich 7   Alex Klever

Alex Klever
Am Dorfteich 7
30981 Neustadt

Marie Schneider
Sonnenallee 25
01654 Berlin

1 **Marie schreibt ihrem Freund Alex zurück. Leider ist ihr Brief hier durcheinandergeraten.**

a) Nummeriere die Sätze in der richtigen Reihenfolge.

- 3 Vielen Dank für deinen schönen Brief. Ich habe mich sehr gefreut.
- 5 Kannst du glauben, dass in meiner neuen Klasse 30 Kinder sind?
- 1 Berlin, den 12.10.2019
- 7 Ich freue mich schon auf morgen, da wollen wir mit drei anderen Kindern ins Kino gehen.
- 2 Lieber Alex!
- 8 Gestern haben wir uns verabredet und wir hatten viel Spaß auf dem Spielplatz.
- 6 Ich sitze neben einem Mädchen, das Aylin heißt. Sie ist sehr nett.
- 10 Viele Grüße, deine Marie
- 9 Grüße Konrad von mir und schreib mir bald zurück.
- 4 Mir geht es gut, aber ich vermisse euch sehr.

b) Wo und wann wurde der Brief geschrieben?

in Berlin am 12. 10. 2019

c) Wer bekommt den Brief?

Alex

d) Findest du die beiden Einleitungssätze? Schreibe sie auf.

Vielen Dank für deinen schönen Brief. Ich habe mich sehr gefreut.

e) Bestimmt findest du auch den Schlusssatz.

Grüße Konrad von mir und schreib mir bald zurück.

2 **Richtig (r) oder falsch (f)?**

- r Oben rechts auf dem Briefpapier stehen Ort und Datum.
- r Briefe sind schriftliche Mitteilungen an andere Personen.
- f Ein Brief braucht keine Anrede.
- r Am Schluss steht immer die Unterschrift.
- f Briefe sollten immer sehr kurz sein.
- r Briefe können lustig, traurig oder sachlich sein.
- f Briefe sollte ich nur an Freunde und Verwandte schreiben.
- r Jeder Brief hat eine Anrede.
- r Einen Brief kann ich nur in einem Umschlag verschicken.
- r Auf dem Umschlag müssen der Name und die Adresse des Empfängers und des Absenders stehen.

4 **Die markierten Sätze sind der Rahmen für deinen Brief. Bestimmt fällt dir etwas ein, was du zum grünen Teil dazuschreiben kannst. Ergänze auch Ort und Datum.**

Lösungsbeispiel:

Kleingraben, den 15. Mai 2019

Hallo Paul,

ich habe mich sehr über deinen Brief gefreut. Stell dir vor, Mama und Papa haben mir ein Kaninchen geschenkt. Es heißt Klopfer und ist so süß. Das Fell ist hellbraun und die Pfoten sind weiß. Jeden Tag gebe ich Klopfer frisches Wasser und Möhren und frische Löwenzahnblätter. Einmal in der Woche mache ich den Käfig sauber. Du musst dir Klopfer unbedingt einmal ansehen.

Leider muss ich jetzt aufhören, weil ich noch für Mathe lernen muss.

Mach's gut

dein/deine ...

5 **Jetzt beschrifte auch einen Umschlag zu deinem Brief. Der Absender bist du. Denke dir eine Adresse aus und male auch die Briefmarke dazu.**

6 **Der Kopf einer E-Mail sieht immer gleich aus. Trage diese Begriffe ein: Empfänger, Absender, Grund.**

Von:	Konrad.Duden@mail.de	Absender
An:	Frieda@online.de	Empfänger
Betreff:	Unsere Klassenfahrt	Grund

7 **Schreibe eine E-Mail für Konrad an seine Tante Ulla. Die folgenden Informationen helfen dir dabei. Die E-Mail-Adresse kannst du dir ausdenken.**

Letzte Woche gab es ein großes Sportfest in Konrads Schule. Alle Kinder mussten laufen, werfen und springen. Beim Springen war Konrad nicht so gut. Aber er war der beste Läufer und Werfer seiner Klasse. Das war toll. Zum Schluss hat er eine Ehrenurkunde bekommen. Nachts hat er noch vom Sportfest geträumt.

Lösungsbeispiel:

Von:	Konrad.Duden@mail.de	Senden
An:	ulla.mueller@hallo.de	
Betreff:	Unser Sportfest	

Liebe Tante Ulla,
letzte Woche hatten wir in der Schule ein großes Sportfest. Alle Kinder mussten laufen, werfen und springen.
Beim Springen war ich leider nicht so gut. Dafür war ich der schnellste Läufer und der beste Werfer. Das war ein tolles Gefühl. Anschließend habe ich eine Ehrenurkunde bekommen.
In der folgenden Nacht habe ich noch vom Sportfest geträumt.
Schreib mir bald zurück.

Liebe Grüße
dein Konrad

8 **Überprüfe deine E-Mail mit der Checkliste.**

	☺	😐	☹
Ich habe die E-Mail-Adresse des Empfängers und einen Betreff eingetragen.			
Es gibt eine Anrede und einen Gruß mit Unterschrift.			
Meine E-Mail hat einen einleitenden Satz.			
Ich habe einen Schlusssatz geschrieben.			
Im Hauptteil steht, was ich mitteilen will.			

1 **Was benötigst du für einen Brief und was für eine E-Mail?**

Papier · E-Mail-Adresse · Briefumschlag · Stift · Computer · Anschrift · Betreff · Briefmarke · Absender

2 **Schreibe eine E-Mail. Du kannst unter den Ideen unten auswählen oder dir selbst einen Grund überlegen.**

Du schreibst deiner Oma zum Geburtstag. ● Du willst dich mit deinem Freund für das Wochenende verabreden. Ihr wollt ins Schwimmbad gehen. ● Du schreibst deiner Freundin, die aus deiner Straße weggezogen ist.

Von:	(eigene Lösung)	Senden
An:		
Betreff:		

Lösungsbeispiel:

Liebe Oma,
zu deinem Geburtstag gratuliere ich dir herzlich.
Leider kann ich heute nicht bei dir sein, weil die Fahrt viel zu lang ist und ich morgen früh wieder in die Schule muss. Aber wir kommen ja alle am Samstag und übernachten bei dir. Darauf freue ich mich schon sehr. Dein Kuchen ist doch der leckerste.
Ich habe auch ein tolles Geschenk für dich, aber ich verrate dir noch nicht, was es ist.
Feiere heute schön mit Opa und euren Freunden.
Bis Samstag
dein/deine ...

Eine Bildergeschichte schreiben

1 **Eine Geschichte wird lebendiger, wenn du wörtliche Rede verwendest. Setze die fehlenden Zeichen.**

Konrad sagt: „Heute springe ich vom Sprungturm ins Wasser."

„Das traust du dich nie", antwortet Alex.

Frieda ruft: „Das sehe ich mir an!"

„Glaubt ihr mir nicht?", fragt Alex.

2 **Drehe die Sätze um.**

Alex fragt: „Gehen wir heute zusammen ins Schwimmbad?"

„Gehen wir heute zusammen ins Schwimmbad?", fragt Alex.

„Da ist eine tolle Rutsche!", ruft Konrad begeistert.

Konrad ruft begeistert: „Das ist eine tolle Rutsche!"

Frieda kichert: „Wir spritzen alle Leute nass."

„Wir spritzen alle Leute nass", kichert Frieda.

„Das ist eine tolle Idee", antwortet Konrad lachend.

Konrad antwortet lachend: „Das ist eine tolle Idee."

1 **Welche Überschrift findest du hier passend?**

- [ ] Eine große Geburtstagstorte
- [ ] Sofie hat Geburtstag
- [x] Sofies tolle Geburtstagsfeier
- [ ] Das allerbeste Geburtstagsgeschenk
- [ ] Drei Kinder bringen ein großes Geschenk mit

Die Überschrift soll neugierig machen, aber nicht zu viel verraten.

2 **Welche Sätze gehören zusammen? Verbinde sie.**

Heute feiert Sofie – ihren 9. Geburtstag.
~~Herr Meier geht mit seinem Hund~~ – ~~in den Wald.~~
Zwei Freunde kommen – am Nachmittag zu ihr.
Ihre Mutter hat – einen tollen Geburtstagskuchen gebacken.

3 **Findest du den Satz, der nicht zum Bild passt? Streiche ihn durch.**

Lösung siehe Übung 2

4 **Schreibe die drei Einleitungssätze aus Übung 2 hier auf.**

Heute feiert Sofie ihren 9. Geburtstag.
Ihre Mutter hat einen tollen Geburtstagskuchen gebacken.
Zwei Freunde kommen am Nachmittag zu ihr.

Die Einleitung beantwortet die Fragen: Wer? Wo? Was?

5 **Wie könnten die Freunde von Sofie heißen?**

(eigene Lösung)

6 **Zwei Schlusssätze passen zur Geschichte von Sofies Geburtstagsfeier. Findest du sie?**

- [x] Abends lag Sofie müde und sehr glücklich im Bett.
- [x] Am Abend sagte Sofie zu ihrer Mutter: „Das war mein schönster Geburtstag."
- [ ] Als Sofie am Abend im Bett liegt, merkt sie plötzlich, dass sie noch Hunger hat. Sie steht auf und geht zum Kühlschrank.

Der Schluss ist kurz und rundet eine Geschichte ab.

1 **Der Text ist hier durcheinandergeraten. Betrachte zuerst die Bilder. Nummeriere dann in der richtigen Reihenfolge.**

5 Er schießt mit voller Wucht und der Ball fliegt weit über das Tor in den Park hinter dem Fußballplatz.

1 An einem schönen Sommertag gehen vier Kinder mit ihrem Ball zum Fußballplatz.

9 Die anderen Kinder kommen schnell herbei, sehen den Ball und die Enten. Dann lachen sie und freuen sich.

4 Nach 10 Minuten steht es bereits 2 : 0. Jetzt aber will endlich auch der andere Junge ein Tor schießen.

6 Schnell laufen alle los und suchen den Ball.

3 Die vier Kinder laufen hin und her, sie dribbeln und versuchen immer wieder, dem anderen den Ball abzunehmen.

7 Sie gucken hinter jeden Baum und unter jedes Gebüsch, aber sie finden den Ball nicht. Da plötzlich hat ihn der eine Junge entdeckt.

8 Der Ball liegt mitten in einer großen Pfütze, eine Entenfamilie schaut ihn neugierig an. Der Junge ruft seine Freunde.

2 Sie wollen heute trainieren, denn nächste Woche gibt es ein großes Spiel gegen die Nachbarschule.

2 **Nimm die Geschichte nun genauer unter die Lupe.**

a) Welche Sätze gehören zur Einleitung? Unterstreiche sie grün.
b) Welche Sätze gehören zum Hauptteil? Unterstreiche sie rot.
c) Wie könnten die Kinder heißen?

(eigene Lösung)

d) Was ruft wohl der Junge seinen Freunden zu, als er den Ball gefunden hat?

Lösungsbeispiel:
„Kommt schnell her, ich habe den Ball entdeckt. Eine Entenfamilie spielt mit ihm."

e) Welches sind die Schlusssätze? Unterstreiche sie blau.
f) Du findest sicher eine Überschrift, die neugierig macht.

(eigene Lösung)

3 Hast du Lust bekommen, eine eigene Bildergeschichte zu schreiben? Denke daran: Wörtliche Rede macht eine Geschichte lebendiger.

Lösungsbeispiel:

Bellos Ausflug

An einem schönen Sommertag geht Frau Müller mit ihrem Hund Bello spazieren.
Als sie im Wald ankommt, lässt Frau Müller Bello von der Leine. Sofort rennt er davon. Frau Müller steht ratlos mitten im Wald und ruft: „Bello! Bello, komm hierher!" Aber Bello ist nicht zu sehen und kommt auch nicht zurück. Frau Müller ist schon ganz aufgeregt, da hört sie Bello plötzlich bellen. Schnell geht sie um

das nächste Gebüsch und sieht ihren Hund neben zwei Kindern sitzen. Sie picknicken auf einer Decke. Genüsslich frisst Bello gerade eine Wurst.
Frau Müller ruft: „Bello, du kannst doch nicht einfach weglaufen!" Dann müssen alle drei lachen.

4 Überprüfe deine Geschichte mit der Checkliste.

	☺	😐	☹
Meine Überschrift macht neugierig.			
Die Einleitung ist kurz und antwortet auf die W-Fragen: Wer? Wo? Was?			
Im Hauptteil erzähle ich ausführlich und Bild für Bild in der richtigen Reihenfolge.			
Mein kurzer Schluss rundet die Geschichte ab.			
Ich habe den Personen und Tieren Namen gegeben.			
Ich habe die wörtliche Rede verwendet.			
Satzanfänge und Nomen habe ich groß-geschrieben.			

1 Bei dieser Bildergeschichte fehlt das letzte Bild. Überlege, was in der Geschichte passiert, und male ein Schlussbild.

Lösungsbeispiel:

Auf dem Sprungturm
An einem schönen, sonnigen Tag in den Sommerferien gehen Paul und Pia zusammen ins Freibad. Sie zahlen an der Kasse den Eintritt und suchen sich einen guten Platz für ihre Sachen.
„So, jetzt aber schnell ins Wasser!", ruft Paul und rennt los. Eine Zeitlang toben die beiden im Wasser. Dann ruft Pia: „Ich springe jetzt vom 3-Meter-Turm! Das macht immer so viel Spaß." Schnell klettert sie die Leiter des Sprungturms hoch. Paul folgt ihr langsam. „Juhuh, ich springe!", schreit Pia und schon macht es Platsch und sie ist im Wasser.
„Jetzt bist du dran, Paul!" „Klar!", ruft er. Er geht vorsichtig bis nach ganz vorne. Ihm ist ziemlich mulmig zumute. „Das ist aber ganz schön hoch!", ruft er Pia zu. „Das schaffst du schon, sei mutig!", ermuntert sie ihn. Paul steht immer noch vorne und guckt ins Wasser. Dann nimmt er seinen ganzen Mut zusammen und springt. Als er wieder aus dem Wasser auftaucht, klatscht Pia begeistert.
Nachdem Paul wieder aus dem Becken geklettert ist, sagt sie: „Jetzt springen wir noch einmal zusammen."

Eine Fantasiegeschichte schreiben

1 Eine Geschichte wird lebendiger, wenn du treffende Verben verwendest. Ordne die Beispiele aus dem Wortfeld „sagen" ein.

~~wispern~~	stöhnen	erwidern	brüllen	jammern
schreien	kreischen	erkundigen	johlen	flüstern
tuscheln	meinen	fragen	rufen	~~erklären~~
schimpfen	murmeln	berichten	jubeln	antworten
kichern	brummen	plappern	knurren	stottern

leise wispern, flüstern, tuscheln, murmeln

normal erklären, erwidern, berichten, antworten, meinen, erkundigen, fragen

laut brüllen, schreien, kreischen, rufen, johlen, jubeln

freundlich kichern, plappern

böse schimpfen, brummen, knurren

ängstlich jammern, stottern, stöhnen

1 Welche Sätze gehören zu einer Fantasiegeschichte?

- [x] Der große Vogel flog mich schnell nach Hause.
- [ ] Die Burgbesichtigung gefiel mir sehr gut.
- [ ] Am Nachmittag fuhren wir mit dem Fahrrad zum See.
- [x] Das Burggespenst jammerte fürchterlich im Turm.
- [x] Ich sah die bunten Häuser der Zwerge.
- [x] Das Einhorn war sehr zutraulich.
- [x] Mein Hund erzählte mir von seinem tollen Abenteuer.
- [ ] Mein Opa hatte Wellensittiche und auch Meerschweinchen.
- [x] Jeden Morgen kam die kleine Elfe mit mir in die Schule.
- [ ] Ich trainierte jeden Nachmittag auf dem Fußballplatz.
- [x] Ein Ufo landete auf dem Schulhof.
- [x] Ich hoppelte auf dem Rücken des Kaninchens über die Wiese.

2 Hier sind die Erzählschritte durcheinandergeraten. Du kannst sie sicher in die richtige Reihenfolge bringen.

- 4 Ufo fliegt los, Konrad und Frieda sind ängstlich
- 1 Konrad und Frieda sitzen auf einer Wiese
- 3 Konrad und Frieda schrumpfen, blaues Männchen schiebt sie in das Ufo
- 2 Ufo landet auf der Wiese, kleines blaues Männchen steigt aus und gibt ihnen etwas aus einer Flasche zu trinken
- 7 vor Angst schreien die Kinder
- 9 mit einem Ruck wird Konrad wach, er liegt in seinem Bett: alles nur ein Traum
- 6 Kinder haben große Angst, werden in Palast gebracht
- 5 Landung auf dem Planeten Fliegenpilz: nur blaue Männchen, machen komische Geräusche, drängen sich um die Kinder
- 8 großer Schreck: grünes Männchen mit vier Armen und neun Augen kommt immer näher

3 Was meinst du, welcher Erzählschritt ist der Höhepunkt der Geschichte, also die spannendste Stelle?

Ziffer: 8

4 Findest du eine passende Überschrift?

(eigene Lösung)

Dies ist die Einleitung einer Fantasiegeschichte.

Gestern Abend lag Alex im Bett und konnte nicht einschlafen. Er wälzte sich hin und her. Plötzlich hörte er ein Zischen und Rauschen über sich. Schnell knipste er das Licht an und sah einen großen grünen Flugdrachen. Bevor er nur einen einzigen Ton hervorbrachte, hatte der Drache ihn schon geschnappt und flog mit ihm davon.

1 Kannst du die Fragen zur Einleitung beantworten?

a) Wer sind die Hauptpersonen?

Alex (und der Drache)

b) Wann spielt die Geschichte?

gestern Abend

c) Wo beginnt die Geschichte?

im Zimmer von Alex

Der Drache flog mit Alex durch die kalte, sternenklare Nacht. Nur mit großer Mühe konnte sich der Junge an ihm festhalten. Sie flogen und flogen, bis sie ein Gebirge erreichten. Dort setzte ihn der Flugdrache ab und führte ihn in eine Höhle. (1) Immer tiefer und tiefer ging es unter die Erde und Alex' Beine wurden bleischwer vor Angst. Da gab ihm der Drache eine kleine

Flasche, die mit einem Korken verschlossen war. Er befahl Alex, den Korken zu entfernen. Selbst konnte der Drache ihn nicht herausziehen, weil seine Pfoten zu groß waren. Zitternd nahm Alex die Flasche und zog vorsichtig an dem Korken. Langsam bewegte er sich. Der Drache stand hinter dem Jungen und beobachtete ihn. Als Alex mit schweißnassen Händen aufhörte, den Korken zu drehen, fauchte ihn der Drache an. (2) Schnell machte Alex weiter, bis er ein „Plopp" hörte. Der Korken war draußen und eine kleine blaue Wolke kam aus der Flasche. Vor lauter Angst hielt Alex den Atem an. Da verwandelte sich der blaue Rauch langsam in ein Drachenmädchen. Angstvoll stand Alex zwischen zwei großen Drachen.

2 Fragen oder Ausrufe machen die Geschichte noch spannender. Was dachte wohl Alex in diesem Moment (1)? Was fauchte der Drache an dieser Stelle (2)?

Lösungsbeispiele:
„Wo bringt er mich hin?", dachte Alex. /
Alex grübelte: „Was hat er vor?"

Lösungsbeispiele:
„Zieh weiter an dem Korken!"/
„Mach weiter und beeil dich!"

3 Wo ist der Höhepunkt in der Drachengeschichte? Unterstreiche die Stelle im Text rot.

Lösung siehe Text

Der Schluss ist kurz und rundet die Geschichte ab. Es wird kein neues Ereignis erzählt.

4 **Welcher Schluss passt besser zu der Drachengeschichte?**

[x] „Danke!“, rief der Drache. „Du hast meine Drachenprinzessin Bellinda erlöst. Ich fliege dich schnell zurück.“ Als Alex am nächsten Morgen wach wurde, dachte er, sein Drachenabenteuer war nur ein Traum. Aber warum hatte er dann eine kleine Flasche in der Hand?

[ ] „Danke!“, rief der Drache. „Du hast meine Drachenprinzessin Bellinda erlöst.“ Der Drache flog Alex schnell zurück nach Hause. Die beiden Drachen und Alex wurden gute Freunde. Sie trafen sich einmal im Monat und spielten zusammen in der Drachenhöhle. Andere Drachen kamen auch noch dazu.

5 **Bestimmt fällt dir eine treffende Überschrift für die Drachengeschichte ein.**

Lösungsbeispiele:
Alex und der Drache / Alex und die Zauberflasche

[ ] Geschichte 1

Vergangene Woche sah Konrad auf dem Nachhauseweg plötzlich ein sehr großes Spinnennetz. Interessiert blieb er stehen. Ein großer Käfer hatte sich im Netz verfangen. Der Käfer rief ihm zu: „Bitte befreie mich!“ Vorsichtig holte Konrad den Käfer aus dem Netz und setzte ihn auf seine Hand. Da sagte der Käfer: „Du hast mich gerettet, deshalb schenke ich dir diese Eichel. Mit ihr kannst du dich in alles verwandeln, was du willst.“ …

[ ] Geschichte 2

Gestern in der Schule ging plötzlich die Schultür auf und eine Frau trat ein. Unsere Lehrerin Frau Müller begrüßte sie herzlich. Die Frau gab jedem Kind ein Rätselheft und einen Buntstift. Wir durften sofort in dem Heft arbeiten. Bei einem Rätsel musste ich lange überlegen und steckte dabei meinen Stift in den Mund. Plötzlich merkte ich, wie ich kleiner und kleiner wurde …

6 **Entscheide dich für eine der beiden Einleitungen. Unterstreiche dann im gewählten Text die Antworten auf die Fragen: Wer? Wann? Wo?**

Fantasiegeschichten schreibt man im Präteritum, also in der 1. Vergangenheitsform.

Eine Reizwortgeschichte schreiben

1 **Mit Redensarten kannst du Stimmungen und Gefühle ausdrücken. Sortiere sie nach Freude, Angst und Wut. Kreise ein.**

- eine Gänsehaut bekommen
- aus vollem Herzen lachen
- wie angewurzelt stehen bleiben
- vor Wut kochen
- die Luft anhalten
- begeistert in die Hände klatschen
- starr vor Schreck sein
- mit dem Fuß aufstampfen
- einen Freudensprung machen
- vor Zorn in die Luft gehen

- Tür zuknallen
- über das ganze Gesicht strahlen
- glänzende Augen bekommen
- Herzklopfen haben

2 **Welche Redensarten gefallen dir am besten? Schreibe hier drei auf.**

(eigene Lösung)

In den Osterferien war ich mit meinen Eltern und meinem Bruder Paul auf einem Bauernhof. Eines Abends durften wir in einem Zelt schlafen. Da wir sehr müde waren, schliefen wir schnell ein. Mitten in der Nacht wurden wir beide plötzlich wach, weil das Zelt wackelte. Wir erstarrten vor Angst. Langsam rutschte Paul auf den Knien zum Zelteingang. Wir hielten den Atem an und Paul öffnete den Reißverschluss ein Stück. Da sahen wir eine Kuh, die ihren Kopf in unser Zelt stecken wollte. Erleichtert lachten wir beide aus vollem Herzen, tätschelten der Kuh den Kopf und schliefen weiter. Beim Frühstück erzählten wir unseren Eltern von unserer nächtlichen Besucherin.

1 **Eine Reizwortgeschichte schreibt man zu vorgegebenen Wörtern möglichst spannend oder lustig. Unterstreiche die Reizwörter Bauernhof – Reißverschluss – Kuh.**

Die vorgegebenen Wörter müssen sinnvoll in der Geschichte vorkommen.

2 **Beurteile diese Überschriften. Trage die passende Ziffer ein.**

3 Auf dem Bauernhof

1 Eine Kuh schaut nachts ins Zelt

2 Eine aufregende Nacht im Zelt

1 Die Überschrift verrät zu viel.
2 Die Überschrift passt gut zur Geschichte und macht neugierig.
3 Die Überschrift macht nicht neugierig.

Einleitung – Hauptteil mit Höhepunkt – Schluss

3 **Konrad hat seine Geschichte auf Zettel geschrieben. Leider sind sie durcheinandergeraten. Verbinde die Zettel mit dem roten Faden in der richtigen Reihenfolge.**

In der vergangenen Woche war unsere Klasse auf einem Reiterhof.

Als ich an der Reihe war, drückte ich die Knie zu sehr an Aruna, sodass sie einen großen Satz nach vorne machte. Vor lauter Schreck stürzte ich vom Pferd.

Als Erstes mussten wir die Pferde satteln. Dann wurden die Pferde auf den Reitplatz geführt. Frieda stieg zuerst auf Aruna und ritt mehrere Runden im Kreis.

Weil ich in eine dicke Schicht Sägespäne fiel, ist mir zum Glück nichts passiert.

Immer zwei Kinder bekamen ein Pferd zugeteilt. Frieda und ich bekamen zusammen das Pferd Aruna.

Am letzten Sonntag machten meine Eltern mit meiner Schwester Marie und mir einen Ausflug zur Burg Rabenstein. Zwei Stunden lang besichtigten wir alle Räume der Burg und kletterten sogar auf den Wehrturm. Jetzt gab es nur noch den Kerker, den wir uns noch nicht angesehen hatten. „Wir können nicht mehr", sagten unsere Eltern. „Geht ihr beiden doch alleine in den Kerker."
Meine Schwester murrte: „Ich habe auch keine Lust mehr."
So ging ich den Schildern „Kerker" nach und stieg mutig eine dunkle Wendeltreppe hinunter. Es wurde immer dunkler und kälter. Ich war ganz alleine und es war ganz schön unheimlich. (1) Schließlich kam ich in einen großen Kerkerraum. An der Wand waren Ketten befestigt. Plötzlich hörte ich Geräusche wie Kettenrasseln und jemanden mit hoher Stimme rufen: „Hiiiiiilfeee! Hiiiilf mir heraus!" (2) Da erstrahlte plötzlich der helle Schein einer Taschenlampe und ich sah meine Schwester, die mir nachgeschlichen war und nun kicherte. Vor lauter Erleichterung nahm ich sie bei der Hand und wir machten uns auf den Weg zu unseren Eltern.

1 **Findest du in dieser Geschichte die Reizwörter Burg – Kerker – Ketten? Unterstreiche sie.**

2 **Welche Redensarten passen bei (1) und (2) zu den Gefühlen? Tipp: Schau dir die Redensarten auf Seite 73 an.**

Lösungsbeispiele:
(1) eine Gänsehaut bekommen / Herzklopfen haben
(2) starr vor Schreck sein / wie angewurzelt stehen bleiben

3 **Folgen die Erzählschritte einem roten Faden?**

a) Unterstreiche die Sätze grün, die zur Einleitung gehören.
b) Findest du den Höhepunkt in der Geschichte? Lösung siehe Text
Schreibe die Sätze auf.

Plötzlich hörte ich Geräusche wie Kettenrasseln und jemanden mit hoher Stimme rufen: „Hiiiiiilfeee! Hiiiilf mir heraus!"

c) Unterstreiche die Sätze blau, die zum Schlussteil gehören.

4 **Welche Überschrift passt zur Geschichte? Kreuze an oder überlege dir selbst eine treffende Überschrift.**

- [ ] Der Sonntagsausflug
- [x] Angst im Kerker
- [ ] Die Burg Rabenstein

(eigene Lösung)

Lösungsbeispiele zu Aufgabe 6:

Reizwörter: Klassenfahrt – Betttuch – Gespenst

Eine aufregende Nacht
Konrad, Alex und Frieda sind mit ihrer Klasse auf Klassenfahrt in einer Jugendherberge. Nach einem aufregenden Tag im Klettergarten und einer Nachtwanderung liegen nun alle Kinder in ihren Betten. Auch Konrad und Alex, die sich ein Zimmer teilen. Sie unterhalten sich noch über den schönen Tag. Plötzlich geht die Tür einen Spalt breit auf. Ein Lichtschein fällt ins Zimmer. Alex flüstert: „Konrad, was ist los?" „Ich weiß nicht", wispert Konrad zurück. Da geht die Tür quietschend auf und eine weiße Gestalt kommt ins Zimmer. Vor Schreck schreien beide Jungen auf: „Aahh, ein Gespenst!" Das Gespenst wispert: „Warum schlaft ihr noch nicht?" Konrad und Alex sind starr vor Schreck und haben eine Gänsehaut.
Da greift sich das Gespenst plötzlich an den Kopf und zieht daran. Kichernd steht Frieda im Zimmer und hält ihr Betttuch in der Hand. Konrad und Alex rufen empört: „Das war fies!" Dann aber müssen alle drei lachen.

Reizwörter: Bus – Schule – Mathearbeit

Schneechaos auf dem Weg zur Schule
Es ist Mittwoch, der 18. Januar, und in der Nacht hat es kräftig geschneit. Darüber würde sich Frieda normalerweise freuen. Aber jetzt guckt sie ängstlich aus dem Fenster. Sie murmelt vor sich hin: „Ob wohl der Bus fährt? Heute schreiben wir eine wichtige Mathearbeit." Ihre Mutter beruhigt sie und Frieda geht wie immer rechtzeitig zur Bushaltestelle. Da steht auch schon Alex, der ihr zuruft: „Wenn kein Bus kommt, gehen wir einfach wieder nach Hause. Dann gibt es heute keine Mathearbeit!" Frieda antwortet: „Du spinnst!" Aber es kommt kein Bus. Immer wieder guckt Frieda unruhig auf ihre Uhr. Sie ist schon ganz kribbelig und hat Angst, dass sie zu spät in der Schule ist. Da kommt plötzlich ganz langsam ein Auto angefahren und hält an. Drin sitzen Konrad und seine Mutter. Sie ruft durchs Fenster: „Steigt schnell ein, dann schaffen wir es noch rechtzeitig zur Mathearbeit!" Erleichtert klettern Frieda und Alex ins Auto.

7 **Du kannst sicher die W-Fragen zum Text auf Seite 40 stichwortartig beantworten.**

Wann? ____________________

Wo? ____________________

Wer? ____________________

Was? ____________________

Wie? ____________________

____

____

Welche Folgen? ____________________

____

8 **Welche Aussage ist richtig (r), welche falsch (f)?**

	r	f
Ich schreibe einen Bericht kurz und sachlich.		
Ich schreibe in der 1. Vergangenheitsform.		
Beim Bericht muss ich keine feste Reihenfolge beachten.		
Ich schreibe in einen Bericht meine eigene Meinung.		
Ich überlege mir eine spannende Überschrift.		
Ich berichte nur, was wirklich passiert ist, und erfinde nichts dazu.		

**9 Zu jeder W-Frage gibt es hier zwei Möglichkeiten.
Suche dir jeweils eine aus und markiere sie.**

Wann?

gestern Abend um 19.30 Uhr

letzten Samstag, morgens um 10.00 Uhr

Wo?

auf der Kreuzung Eichenstraße/Birkenallee

auf der Seestraße Richtung Schule

Wer?

gab es einen Unfall zwischen einem 12-jährigen Jungen auf dem Rad und einem Motorradfahrer

gab es einen Zusammenstoß zwischen einem 9-jährigen Mädchen auf Inlinern und einem Auto

Was?

Kind wurde am Bein verletzt, das Motorrad beschädigt

Kind erlitt Kopfverletzung, Auto fuhr gegen Straßenschild

Wie?

fuhr zu schnell und konnte nicht mehr bremsen

kam rückwärts aus der Garagenausfahrt und hat das Kind übersehen

Welche Folgen?

wurde am Unfallort behandelt und in ein Krankenhaus gebracht, der Sachschaden beträgt ungefähr 25 000 €

wurde leicht verletzt in ein Krankenhaus gebracht, der Fahrer kam mit dem Schrecken davon, der Schaden beträgt 1 500 €

10 **Schreibe jetzt deinen Unfallbericht auf.**

11 **Überprüfe deinen Bericht mit der Checkliste.**

	☺	😐	☹
Die Überschrift passt zu meinem Bericht.			
Ich habe die Reihenfolge eingehalten.			
Mein Bericht hat alle wichtigen Einzelheiten.			
Ich habe sachlich geschrieben und nicht über meine Meinung oder Gefühle.			
Ich habe nichts dazuerfunden.			
Mein Bericht ist im Präteritum (1. Vergangenheitsform) geschrieben.			

Einen Bericht schreiben

1 **Über was möchtest du gerne berichten? Über eine Sportveranstaltung oder einen Klassenausflug? Schreibe zuerst Stichwörter in die Felder.**

Ereignis

Wann?

Wer?

Was?

Wo?

Wie?

Welche Folgen?

2 **Schreibe nun deinen Bericht auf ein extra Blatt.**

3 **Suche in der Zeitung nach einem Unfallbericht. Beantwortet er alle W-Fragen?**

Briefe und E-Mails verfassen

1 **Findest du das passende Pronomen für jede Lücke?**

Neustadt, den 27. Juli 2019

Lieber Opa,

wie geht es dir? Ich bin gut wieder bei Mama und Papa angekommen.

Die letzte Woche bei ______ war so schön. ______ hast ______ so viele tolle Sachen für mich ausgedacht. Besonders gut war ______ Idee, die Fahrradtour zum See zu machen. Kannst ______ in ______ Schuppen einmal nachsehen, ob ich meine Luftpumpe dort vergessen habe?

______ bei der Gartenarbeit zu helfen, hat mir auch Spaß gemacht. Und ______ Pfannkuchen sind einfach die besten. Ich danke ______ auch noch einmal für das tolle Buch, das ______ mir zum Abschied geschenkt hast. Abends lese ich jetzt immer darin.

Viele liebe Grüße

______ Frieda

du – du – Du ~~dir~~ – dir – dir – Dir

deine – deine – deine – deinem

Alex' beste Freundin Marie ist im vergangenen Monat von Neustadt nach Berlin gezogen. Heute schreibt er ihr einen Brief.

Neustadt, den 15.10.2019

Liebe Marie,

jetzt wohnst du schon fast drei Wochen nicht mehr in Neustadt. Wie geht es dir?
Heute hatten wir einen aufregenden Tag in der Schule. Vor der großen Pause gab es einen Feueralarm. Alle Kinder haben mit ihren Lehrerinnen ganz schnell das Schulgebäude verlassen und sich auf dem Hof versammelt. Wir dachten, es ist ein Probealarm, aber dann hat es wirklich im Keller gebrannt und die Feuerwehr kam. Sie konnte den Brand schnell löschen.
Jetzt muss ich Schluss machen. Bitte schreib mir bald zurück.

Viele Grüße
Alex

1 Findest du die Teile des Briefes? Unterstreiche sie mit diesen Farben.

Ort und Datum | Brieftext | Anrede

Einleitungssätze | Schlusssätze | Gruß

2 **Alex hat sich Maries Adresse aufgeschrieben.**
Kannst du ihm helfen, den Briefumschlag zu beschriften?
Male auch eine Briefmarke dazu.

Dies sind die beiden Adressen:

01654 Berlin | Marie Schneider | Sonnenallee 25
30981 Neustadt | Am Dorfteich 7 | Alex Klever

Anschrift und Absender schreibt man in dieser Reihenfolge: Vorname und Nachname, Straße mit Hausnummer, Postleitzahl und Ort.

____
____
____

____
____
____

1 Marie schreibt ihrem Freund Alex zurück. Leider ist ihr Brief hier durcheinandergeraten.

a) Nummeriere die Sätze in der richtigen Reihenfolge.

	Vielen Dank für deinen schönen Brief. Ich habe mich sehr gefreut.
	Kannst du glauben, dass in meiner neuen Klasse 30 Kinder sind?
	Berlin, den 12.10.2019
	Ich freue mich schon auf morgen, da wollen wir mit drei anderen Kindern ins Kino gehen.
	Lieber Alex!
	Gestern haben wir uns verabredet und wir hatten viel Spaß auf dem Spielplatz.
	Ich sitze neben einem Mädchen, das Aylin heißt. Sie ist sehr nett.
	Viele Grüße, deine Marie
	Grüße Konrad von mir und schreib mir bald zurück.
	Mir geht es gut, aber ich vermisse euch sehr.

b) Wo und wann wurde der Brief geschrieben?

____

c) Wer bekommt den Brief?

____

d) Findest du die beiden Einleitungssätze? Schreibe sie auf.

e) Bestimmt findest du auch den Schlusssatz.

2 Richtig (r) oder falsch (f)?

☐ Oben rechts auf dem Briefpapier stehen Ort und Datum.

☐ Briefe sind schriftliche Mitteilungen an andere Personen.

☐ Ein Brief braucht keine Anrede.

☐ Am Schluss steht immer die Unterschrift.

☐ Briefe sollten immer sehr kurz sein.

☐ Briefe können lustig, traurig oder sachlich sein.

☐ Briefe sollte ich nur an Freunde und Verwandte schreiben.

☐ Jeder Brief hat eine Anrede.

☐ Einen Brief kann ich nur in einem Umschlag verschicken.

☐ Auf dem Umschlag müssen der Name und die Adresse des Empfängers und des Absenders stehen.

3 **Hier siehst du drei Möglichkeiten für einen Brief. Suche dir aus jeder Reihe eine aus und markiere sie.**

Liebe Oma,	Hallo Paul,	Hi Kathi,
vielen Dank für deinen Brief.	jetzt habe ich schon länger nichts von dir gehört. Wie geht es dir denn?	ich habe mich sehr über deinen Brief gefreut.
Weißt du, was heute in der Schule passiert ist? ...	Ich komme dich in den nächsten Ferien besuchen, dann können wir ...	Mama und Papa haben mir ein Kaninchen geschenkt. ...
Ich freue mich auf eine Antwort von dir.	Leider muss ich jetzt aufhören, weil ich noch für Mathe lernen muss.	Ich vermisse dich sehr, schreib mir bitte bald zurück.
Viele liebe Grüße ...	Bis bald ...	Mach's gut ...

4 **Die markierten Sätze sind der Rahmen für deinen Brief. Bestimmt fällt dir etwas ein, was du zum grünen Teil dazu-schreiben kannst. Ergänze auch Ort und Datum.**

5 **Jetzt beschrifte auch einen Umschlag zu deinem Brief. Der Absender bist du. Denke dir eine Adresse aus und male auch die Briefmarke dazu.**

Eine E-Mail ist ein elektronischer Brief, den du am Computer schreibst. Man braucht dafür eine eigene E-Mail-Adresse und die des Empfängers.

Bei „Betreff" steht stichwortartig der Grund der E-Mail. Die eigene E-Mail-Adresse, das Datum und die Uhrzeit erscheinen automatisch.

6 Der Kopf einer E-Mail sieht immer gleich aus.
Trage diese Begriffe ein: Empfänger, Absender, Grund.

Von: Konrad.Duden@mail.de ____________________

An: Frieda@online.de ____________________

Betreff: Unsere Klassenfahrt ____________________

7 Schreibe eine E-Mail für Konrad an seine Tante Ulla.
Die folgenden Informationen helfen dir dabei.
Die E-Mail-Adresse kannst du dir ausdenken.

Letzte Woche gab es ein großes Sportfest in Konrads Schule. Alle Kinder mussten laufen, werfen und springen. Beim Springen war Konrad nicht so gut. Aber er war der beste Läufer und Werfer seiner Klasse. Das war toll. Zum Schluss hat er eine Ehrenurkunde bekommen. Nachts hat er noch vom Sportfest geträumt.

Von:	Konrad.Duden@mail.de	Senden
An:		
Betreff:		

Liebe Tante Ulla,

8 **Überprüfe deine E-Mail mit der Checkliste.**

	☺	😐	☹
Ich habe die E-Mail-Adresse des Empfängers und einen Betreff eingetragen.			
Es gibt eine Anrede und einen Gruß mit Unterschrift.			
Meine E-Mail hat einen einleitenden Satz.			
Ich habe einen Schlusssatz geschrieben.			
Im Hauptteil steht, was ich mitteilen will.			

Briefe und E-Mails verfassen

1 Was benötigst du für einen Brief und was für eine E-Mail?

Papier · E-Mail-Adresse · Briefumschlag · Stift
Computer · Anschrift · Betreff · Briefmarke · Absender

2 Schreibe eine E-Mail. Du kannst unter den Ideen unten auswählen oder dir selbst einen Grund überlegen.

Du schreibst deiner Oma zum Geburtstag. ● Du willst dich mit deinem Freund für das Wochenende verabreden. Ihr wollt ins Schwimmbad gehen. ● Du schreibst deiner Freundin, die aus deiner Straße weggezogen ist.

Von:		Senden
An:		
Betreff:		

Eine Bildergeschichte schreiben

1 **Eine Geschichte wird lebendiger, wenn du wörtliche Rede verwendest. Setze die fehlenden Zeichen.**

Konrad sagt Heute springe ich vom Sprungturm ins Wasser

Das traust du dich nie antwortet Alex.

Frieda ruft Das sehe ich mir an

Glaubt ihr mir nicht fragt Alex.

2 **Drehe die Sätze um.**

Alex fragt: „Gehen wir heute zusammen ins Schwimmbad?"

____

______________ ?", fragt Alex.

„Da ist eine tolle Rutsche!", ruft Konrad begeistert.

____

____

Frieda kichert: „Wir spritzen alle Leute nass."

____

„Das ist eine tolle Idee", antwortet Konrad lachend.

____

____

Eine Bildergeschichte schreiben

1 **Welche Überschrift findest du hier passend?**

- ☐ Eine große Geburtstagstorte
- ☐ Sofie hat Geburtstag
- ☐ Sofies tolle Geburtstagsfeier
- ☐ Das allerbeste Geburtstagsgeschenk
- ☐ Drei Kinder bringen ein großes Geschenk mit

....

2 **Welche Sätze gehören zusammen? Verbinde sie.**

Heute feiert Sofie	einen tollen Geburtstagskuchen gebacken.
Herr Meier geht mit seinem Hund	am Nachmittag zu ihr.
Zwei Freunde kommen	ihren 9. Geburtstag.
Ihre Mutter hat	in den Wald.

....

3 **Findest du den Satz, der nicht zum Bild passt? Streiche ihn durch.**

....

4 **Schreibe die drei Einleitungssätze aus Übung 2 hier auf.**

Die Einleitung beantwortet die Fragen: Wer? Wo? Was?

____

____

____

____

____

____

____

5 **Wie könnten die Freunde von Sofie heißen?**

____

6 **Zwei Schlusssätze passen zur Geschichte von Sofies Geburtstagsfeier. Findest du sie?**

- ☐ Abends lag Sofie müde und sehr glücklich im Bett.
- ☐ Am Abend sagte Sofie zu ihrer Mutter: „Das war mein schönster Geburtstag."
- ☐ Als Sofie am Abend im Bett liegt, merkt sie plötzlich, dass sie noch Hunger hat. Sie steht auf und geht zum Kühlschrank.

Der Schluss ist kurz und rundet eine Geschichte ab.

1 **Der Text ist hier durcheinandergeraten. Betrachte zuerst die Bilder. Nummeriere dann in der richtigen Reihenfolge.**

- ☐ Er schießt mit voller Wucht und der Ball fliegt weit über das Tor in den Park hinter dem Fußballplatz.
- ☐ An einem schönen Sommertag gehen vier Kinder mit ihrem Ball zum Fußballplatz.
- ☐ Die anderen Kinder kommen schnell herbei, sehen den Ball und die Enten. Dann lachen sie und freuen sich.
- ☐ Nach 10 Minuten steht es bereits 2 : 0. Jetzt aber will endlich auch der andere Junge ein Tor schießen.
- ☐ Schnell laufen alle los und suchen den Ball.
- ☐ Die vier Kinder laufen hin und her, sie dribbeln und versuchen immer wieder, dem anderen den Ball abzunehmen.

☐ Sie gucken hinter jeden Baum und unter jedes Gebüsch, aber sie finden den Ball nicht. Da plötzlich hat ihn der eine Junge entdeckt.

☐ Der Ball liegt mitten in einer großen Pfütze, eine Entenfamilie schaut ihn neugierig an. Der Junge ruft seine Freunde.

☐ Sie wollen heute trainieren, denn nächste Woche gibt es ein großes Spiel gegen die Nachbarschule.

2 Nimm die Geschichte nun genauer unter die Lupe.

a) Welche Sätze gehören zur Einleitung? Unterstreiche sie grün.
b) Welche Sätze gehören zum Hauptteil? Unterstreiche sie rot.
c) Wie könnten die Kinder heißen?

____

d) Was ruft wohl der Junge seinen Freunden zu, als er den Ball gefunden hat?

____
____
____
____

e) Welches sind die Schlusssätze? Unterstreiche sie blau.
f) Du findest sicher eine Überschrift, die neugierig macht.

____

3 **Hast du Lust bekommen, eine eigene Bildergeschichte zu schreiben? Denke daran: Wörtliche Rede macht eine Geschichte lebendiger.**

4 Überprüfe deine Geschichte mit der Checkliste.

	☺	😐	☹
Meine Überschrift macht neugierig.			
Die Einleitung ist kurz und antwortet auf die W-Fragen: Wer? Wo? Was?			
Im Hauptteil erzähle ich ausführlich und Bild für Bild in der richtigen Reihenfolge.			
Mein kurzer Schluss rundet die Geschichte ab.			
Ich habe den Personen und Tieren Namen gegeben.			
Ich habe die wörtliche Rede verwendet.			
Satzanfänge und Nomen habe ich großgeschrieben.			

Eine Bildergeschichte schreiben

1 **Bei dieser Bildergeschichte fehlt das letzte Bild. Überlege, was in der Geschichte passiert, und male ein Schlussbild.**

2 **Schreibe nun eine Geschichte zu den Bildern auf ein Blatt Papier.**

3 **Denke dir selbst eine Bildergeschichte aus. Male die Bilder und erzähle jemandem die Geschichte oder lass jemand anderen den Text dazu schreiben.**

Eine Fantasiegeschichte schreiben

1 **Eine Geschichte wird lebendiger, wenn du treffende Verben verwendest. Ordne die Beispiele aus dem Wortfeld „sagen“ ein.**

~~wispern~~	stöhnen	erwidern	brüllen	jammern
schreien	kreischen	erkundigen	johlen	flüstern
tuscheln	meinen	fragen	rufen	~~erklären~~
schimpfen	murmeln	berichten	jubeln	antworten
kichern	brummen	plappern	knurren	stottern

leise wispern, __________

____

normal erklären, __________

____

laut __________

____

freundlich __________

____

böse __________

____

ängstlich __________

____

Eine Fantasiegeschichte schreiben

1 Welche Sätze gehören zu einer Fantasiegeschichte?

☐ Der große Vogel flog mich schnell nach Hause.
☐ Die Burgbesichtigung gefiel mir sehr gut.
☐ Am Nachmittag fuhren wir mit dem Fahrrad zum See.
☐ Das Burggespenst jammerte fürchterlich im Turm.
☐ Ich sah die bunten Häuser der Zwerge.
☐ Das Einhorn war sehr zutraulich.
☐ Mein Hund erzählte mir von seinem tollen Abenteuer.
☐ Mein Opa hatte Wellensittiche und auch Meerschweinchen.
☐ Jeden Morgen kam die kleine Elfe mit mir in die Schule.
☐ Ich trainierte jeden Nachmittag auf dem Fußballplatz.
☐ Ein Ufo landete auf dem Schulhof.
☐ Ich hoppelte auf dem Rücken des Kaninchens über die Wiese.

2 Hier sind die Erzählschritte durcheinandergeraten. Du kannst sie sicher in die richtige Reihenfolge bringen.

☐ Ufo fliegt los, Konrad und Frieda sind ängstlich

☐ Konrad und Frieda sitzen auf einer Wiese

☐ Konrad und Frieda schrumpfen, blaues Männchen schiebt sie in das Ufo

☐ Ufo landet auf der Wiese, kleines blaues Männchen steigt aus und gibt ihnen etwas aus einer Flasche zu trinken

☐ vor Angst schreien die Kinder

☐ mit einem Ruck wird Konrad wach, er liegt in seinem Bett: alles nur ein Traum

☐ Kinder haben große Angst, werden in Palast gebracht

☐ Landung auf dem Planeten Fliegenpilz: nur blaue Männchen, machen komische Geräusche, drängen sich um die Kinder

☐ großer Schreck: grünes Männchen mit vier Armen und neun Augen kommt immer näher

3 Was meinst du, welcher Erzählschritt ist der Höhepunkt der Geschichte, also die spannendste Stelle?

Ziffer: ______

4 Findest du eine passende Überschrift?

____

Eine Fantasiegeschichte schreiben

Dies ist die Einleitung einer Fantasiegeschichte.

Gestern Abend lag Alex im Bett und konnte nicht einschlafen. Er wälzte sich hin und her. Plötzlich hörte er ein Zischen und Rauschen über sich. Schnell knipste er das Licht an und sah einen großen grünen Flugdrachen. Bevor er nur einen einzigen Ton hervorbrachte, hatte der Drache ihn schon geschnappt und flog mit ihm davon.

1 Kannst du die Fragen zur Einleitung beantworten?

a) Wer sind die Hauptpersonen?

____

b) Wann spielt die Geschichte?

____

c) Wo beginnt die Geschichte?

____

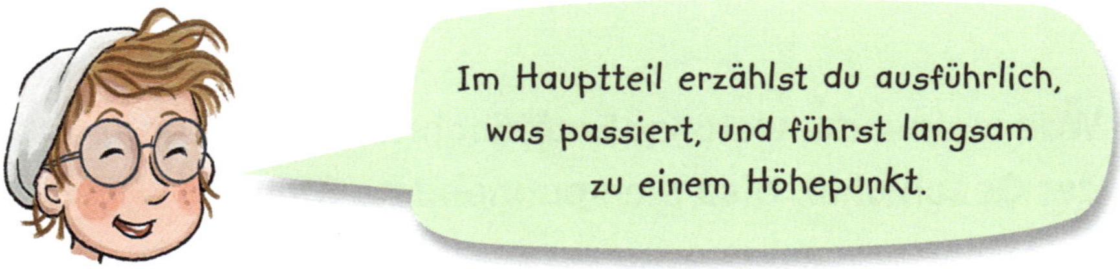

Der Drache flog mit Alex durch die kalte, sternenklare Nacht. Nur mit großer Mühe konnte sich der Junge an ihm festhalten. Sie flogen und flogen, bis sie ein Gebirge erreichten. Dort setzte ihn der Flugdrache ab und führte ihn in eine Höhle. (1) Immer tiefer und tiefer ging es unter die Erde und Alex' Beine wurden bleischwer vor Angst. Da gab ihm der Drache eine kleine

Flasche, die mit einem Korken verschlossen war. Er befahl Alex, den Korken zu entfernen. Selbst konnte der Drache ihn nicht herausziehen, weil seine Pfoten zu groß waren. Zitternd nahm Alex die Flasche und zog vorsichtig an dem Korken. Langsam bewegte er sich. Der Drache stand hinter dem Jungen und beobachtete ihn. Als Alex mit schweißnassen Händen aufhörte, den Korken zu drehen, fauchte ihn der Drache an. (2) Schnell machte Alex weiter, bis er ein „Plopp“ hörte. Der Korken war draußen und eine kleine blaue Wolke kam aus der Flasche. Vor lauter Angst hielt Alex den Atem an. Da verwandelte sich der blaue Rauch langsam in ein Drachenmädchen. Angstvoll stand Alex zwischen zwei großen Drachen.

2 **Fragen oder Ausrufe machen die Geschichte noch spannender. Was dachte wohl Alex in diesem Moment (1)? Was fauchte der Drache an dieser Stelle (2)?**

3 **Wo ist der Höhepunkt in der Drachengeschichte? Unterstreiche die Stelle im Text rot.**

Der Schluss ist kurz und rundet die Geschichte ab. Es wird kein neues Ereignis erzählt.

4 Welcher Schluss passt besser zu der Drachengeschichte?

☐ „Danke!“, rief der Drache. „Du hast meine Drachenprinzessin Bellinda erlöst. Ich fliege dich schnell zurück.“ Als Alex am nächsten Morgen wach wurde, dachte er, sein Drachenabenteuer war nur ein Traum. Aber warum hatte er dann eine kleine Flasche in der Hand?

☐ „Danke!“, rief der Drache. „Du hast meine Drachenprinzessin Bellinda erlöst.“ Der Drache flog Alex schnell zurück nach Hause. Die beiden Drachen und Alex wurden gute Freunde. Sie trafen sich einmal im Monat und spielten zusammen in der Drachenhöhle. Andere Drachen kamen auch noch dazu.

5 Bestimmt fällt dir eine treffende Überschrift für die Drachengeschichte ein.

____

Geschichte 1

Vergangene Woche sah Konrad auf dem Nachhauseweg plötzlich ein sehr großes Spinnennetz. Interessiert blieb er stehen. Ein großer Käfer hatte sich im Netz verfangen. Der Käfer rief ihm zu: „Bitte befreie mich!“ Vorsichtig holte Konrad den Käfer aus dem Netz und setzte ihn auf seine Hand. Da sagte der Käfer: „Du hast mich gerettet, deshalb schenke ich dir diese Eichel. Mit ihr kannst du dich in alles verwandeln, was du willst.“ …

Geschichte 2

Gestern in der Schule ging plötzlich die Schultür auf und eine Frau trat ein. Unsere Lehrerin Frau Müller begrüßte sie herzlich. Die Frau gab jedem Kind ein Rätselheft und einen Buntstift. Wir durften sofort in dem Heft arbeiten. Bei einem Rätsel musste ich lange überlegen und steckte dabei meinen Stift in den Mund. Plötzlich merkte ich, wie ich kleiner und kleiner wurde ...

6 Entscheide dich für eine der beiden Einleitungen. Unterstreiche dann im gewählten Text die Antworten auf die Fragen: Wer? Wann? Wo?

Eine Fantasiegeschichte schreiben

7 **Du hast jetzt bestimmt Lust, die gewählte Fantasiegeschichte weiterzuschreiben. Erzähle von einem unglaublichen Ereignis und wie die Geschichte ausgeht.**

Ideen für den Hauptteil von Geschichte 1:
Konrad verwandelt sich in
- → einen Elefanten in Afrika
- → einen Indianer vor 200 Jahren
- → seine Mathelehrerin
- → sein Kuscheltier

Ideen für den Hauptteil von Geschichte 2:
- → Ich werde immer kleiner und spiele mit einer Maus, bis die Katze kommt.
- → Ich springe in die Tasche der Lehrerin, die mit mir den Klassenraum verlässt.

Überlege dir nun auch eine Überschrift.

8 **Überprüfe deine Fantasiegeschichte mit der Checkliste.**

	☺	😐	☹
Meine Überschrift ist treffend.			
Im Hauptteil erzähle ich ausführlich.			
In meiner Geschichte gibt es einen Höhepunkt.			
Mein kurzer Schluss passt zur Geschichte und rundet sie ab.			
Ich habe den Personen und Tieren Namen gegeben.			
Mein Text ist im Präteritum (1. Vergangenheitsform) geschrieben.			
Ich habe wörtliche Rede verwendet.			

Eine Fantasiegeschichte schreiben

1 **Hast du eine eigene Idee für eine Geschichte? Vielleicht von Tieren, die sprechen können, oder von Zwergen, Riesen oder Elfen? Schreibe sie auf ein Blatt Papier.**

2 **Wie heißt die Überschrift deiner Geschichte?**

3 **Hier kannst du ein Bild zum Höhepunkt deiner Geschichte malen.**

Eine Reizwortgeschichte schreiben

1 **Mit Redensarten kannst du Stimmungen und Gefühle ausdrücken. Sortiere sie nach Freude, Angst und Wut. Kreise ein.**

eine Gänsehaut bekommen

aus vollem Herzen lachen

wie angewurzelt stehen bleiben

vor Wut kochen

die Luft anhalten

begeistert in die Hände klatschen

starr vor Schreck sein

mit dem Fuß aufstampfen

einen Freudensprung machen

vor Zorn in die Luft gehen

Tür zuknallen

über das ganze Gesicht strahlen

glänzende Augen bekommen

Herzklopfen haben

2 **Welche Redensarten gefallen dir am besten? Schreibe hier drei auf.**

___

___

___

Eine Reizwortgeschichte schreiben

In den Osterferien war ich mit meinen Eltern und meinem Bruder Paul auf einem Bauernhof. Eines Abends durften wir in einem Zelt schlafen. Da wir sehr müde waren, schliefen wir schnell ein. Mitten in der Nacht wurden wir beide plötzlich wach, weil das Zelt wackelte. Wir erstarrten vor Angst. Langsam rutschte Paul auf den Knien zum Zelteingang. Wir hielten den Atem an und Paul öffnete den Reißverschluss ein Stück. Da sahen wir eine Kuh, die ihren Kopf in unser Zelt stecken wollte. Erleichtert lachten wir beide aus vollem Herzen, tätschelten der Kuh den Kopf und schliefen weiter. Beim Frühstück erzählten wir unseren Eltern von unserer nächtlichen Besucherin.

1 Eine Reizwortgeschichte schreibt man zu vorgegebenen Wörtern möglichst spannend oder lustig. Unterstreiche die Reizwörter Bauernhof – Reißverschluss – Kuh.

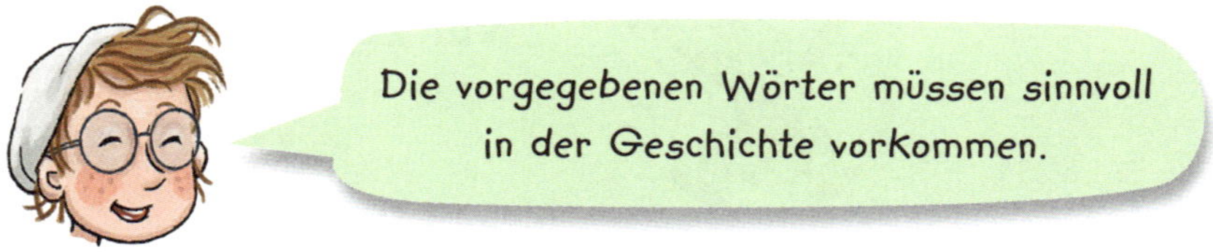

2 Beurteile diese Überschriften. Trage die passende Ziffer ein.

☐ Auf dem Bauernhof

☐ Eine Kuh schaut nachts ins Zelt

☐ Eine aufregende Nacht im Zelt

1 Die Überschrift verrät zu viel.

2 Die Überschrift passt gut zur Geschichte und macht neugierig.

3 Die Überschrift macht nicht neugierig.

Jede Geschichte folgt einem Erzählweg, einem „roten Faden".

3 **Konrad hat seine Geschichte auf Zettel geschrieben. Leider sind sie durcheinandergeraten. Verbinde die Zettel mit dem roten Faden in der richtigen Reihenfolge.**

In der vergangenen Woche war unsere Klasse auf einem Reiterhof.

Als ich an der Reihe war, drückte ich die Knie zu sehr an Aruna, sodass sie einen großen Satz nach vorne machte. Vor lauter Schreck stürzte ich vom Pferd.

Als Erstes mussten wir die Pferde satteln. Dann wurden die Pferde auf den Reitplatz geführt. Frieda stieg zuerst auf Aruna und ritt mehrere Runden im Kreis.

Weil ich in eine dicke Schicht Sägespäne fiel, ist mir zum Glück nichts passiert.

Immer zwei Kinder bekamen ein Pferd zugeteilt. Frieda und ich bekamen zusammen das Pferd Aruna.

Am letzten Sonntag machten meine Eltern mit meiner Schwester Marie und mir einen Ausflug zur Burg Rabenstein. Zwei Stunden lang besichtigten wir alle Räume der Burg und kletterten sogar auf den Wehrturm. Jetzt gab es nur noch den Kerker, den wir uns noch nicht angesehen hatten. „Wir können nicht mehr“, sagten unsere Eltern. „Geht ihr beiden doch alleine in den Kerker.“
Meine Schwester murrte: „Ich habe auch keine Lust mehr.“
So ging ich den Schildern „Kerker“ nach und stieg mutig eine dunkle Wendeltreppe hinunter. Es wurde immer dunkler und kälter. Ich war ganz alleine und es war ganz schön unheimlich. (1) Schließlich kam ich in einen großen Kerkerraum. An der Wand waren Ketten befestigt. Plötzlich hörte ich Geräusche wie Kettenrasseln und jemanden mit hoher Stimme rufen: „Hiiiiiilfeee! Hiiiilf mir heraus!“ (2) Da erstrahlte plötzlich der helle Schein einer Taschenlampe und ich sah meine Schwester, die mir nachgeschlichen war und nun kicherte. Vor lauter Erleichterung nahm ich sie bei der Hand und wir machten uns auf den Weg zu unseren Eltern.

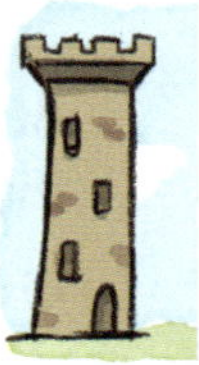

1 **Findest du in dieser Geschichte die Reizwörter Burg – Kerker – Ketten? Unterstreiche sie.**

2 **Welche Redensarten passen bei (1) und (2) zu den Gefühlen? Tipp: Schau dir die Redensarten auf Seite 73 an.**

(1) ____________________

(2) ____________________

3 **Folgen die Erzählschritte einem roten Faden?**

a) Unterstreiche die Sätze grün, die zur Einleitung gehören.

b) Findest du den Höhepunkt in der Geschichte?
Schreibe die Sätze auf.

c) Unterstreiche die Sätze blau, die zum Schlussteil gehören.

4 **Welche Überschrift passt zur Geschichte? Kreuze an oder überlege dir selbst eine treffende Überschrift.**

- ☐ Der Sonntagsausflug
- ☐ Angst im Kerker
- ☐ Die Burg Rabenstein

5 **Hast du eine Idee für eine Reizwortgeschichte zu diesen Wörtern? Plane sie zuerst mithilfe des roten Fadens. Wähle aus:**

Klassenfahrt Gespenst Betttuch oder

Bus Schule Mathearbeit

Wer spielt mit?

___

Wann und wo spielt die Geschichte?

___

Was passiert?

___

___

Welche Gefühle spielen eine Rolle?

___

Wie löst sich die Spannung auf?

___

___

Wie geht die Geschichte aus?

___

___

6 **Hast du Lust bekommen, deine geplante Reizwortgeschichte aufzuschreiben? Dann nimm dafür ein extra Blatt, damit du genug Platz hast.**

7 **Überprüfe deine Geschichte mit der Checkliste.**

	☺	😐	☹
Meine Überschrift passt zur Geschichte.			
Die Einleitung beantwortet die Fragen: Wer? Wann? Wo?			
Im Hauptteil erzähle ich ausführlich, was passiert.			
Ich habe meine Geschichte im Hauptteil zu einem Höhepunkt geführt.			
Ich habe die Gefühle der Personen genau beschrieben.			
Ich habe wörtliche Rede verwendet.			
Mein kurzer Schluss passt zur Geschichte und rundet sie ab.			
In meiner Geschichte sind die vorgegebenen Reizwörter sinnvoll verbunden.			
Mein Text ist im Präteritum (1. Vergangenheitsform) geschrieben.			

Eine Reizwortgeschichte schreiben

1 **Suche dir für eine eigene Geschichte drei Reizwörter aus und kreise sie ein.**

See Wald Strand Sommerferien Ruderboot Zirkus
Gewitter Rettungsschwimmer Wind Bach Zauberer
Luftmatratze Mütze Badehose Eisbude Seiltänzer Reh

2 **Welche Personen oder Tiere kommen in deiner Geschichte vor?**

3 **Wann und wo spielt deine Geschichte?**

4 **Was passiert in deiner Reizwortgeschichte?**

5 **Jetzt kannst du die ganze Geschichte auf ein Blatt Papier schreiben.**